**Gebrauchsanweisung
für Venedig**

**Dorette Deutsch**

**Gebrauchsanweisung
für Venedig**

Piper München Zürich

ISBN 3-492-27523-0
© Piper Verlag GmbH, München 2003
Gesamtherstellung: Clausen & Bosse, Leck
Printed in Germany

*www.piper.de*

# Inhalt

# Vorwort

»Siehst du den Sonnenuntergang«, sagte Marina an der Ponte delle Guglie, »den habe ich für meinen Gast bestellt.« Das war meine erste Begegnung mit venezianischer Höflichkeit. Es sollte bei weitem nicht die letzte sein.

La Fenice, das traditionsreiche Theater der Venezianer, war gerade abgebrannt, und ich begab mich auf die Suche nach den verborgenen Seiten der Stadt. Über zehn Jahre, zuerst von meinem italienischen Wohnort Bologna und später von Ligurien aus, hatte ich Venedig – wie alle – als Besucherin erlebt. Venedig, das war die schöne, dekadente und untergehende Stadt, wo es Ausstellungen und Museen gab, an manchen Sommertagen nach Algen roch, wo es schwer war, ein gutes Restaurant zu finden und die sich, wie meine italienischen Freunde meinten, nur schwer erschloß.

Aus den verkohlten Mauern des Fenice stieg noch der Rauch, auf den Treppen lagen Blumengebinde, als ich um den Campo San Fantin vielen Menschen begegnete, die um ihr Theater trauerten. Eine Stadt, deren Bewohner um ein Theater weinen? Nahezu unvermutet, so als hätte man einfach nur den Blickwinkel gewechselt, war Venedig nicht mehr von Mythen bevölkert, sondern von realen Menschen: Menschen, die ihre Geschichte erzählten und hier ihrer Alltagsbeschäftigung nachgingen.

Es war, als hätte Marinas Sonne – oder war es doch das Feuer – die verborgenen Ecken ausgeleuchtet, und ich sah ein ganz anderes Venedig. Plötzlich öffneten sich viele Türen, es war, als würde sich eine andere, neue Welt auftun. Sie sollten mindestens ein Jahr Ihres Lebens in Venedig verbringen, hatte damals ein Kunsthistoriker bei unseren Gesprächen über das Fenice gesagt. Man verändert den eigenen Blick nur, wenn man den Alltag hier lebt. Der andere Blick: Plötzlich erzählten die Venezianer von den Geheimnissen der Inseln, vom schwierigen Erhalt der Stadt, von der Welt der Kanäle.

Über die Jahre hinweg habe ich die Arbeit von vielen Umweltgruppen verfolgt, die alles daran setzen, ein anderes, reales Bild ihrer Stadt zu zeigen, habe Handwerker in verborgenen Werkstätten kennengelernt, die neben den immer zahlreicheren Maskengeschäften – weil das angeblich dem Geschmack der Besucher entspricht – versuchten, etwas von den Traditionen der Stadt zu retten. Bei Spaziergängen über die frühere Arbeiterinsel Giudecca habe ich die alten Lieder der Fischer gehört, die todbringenden Giftfabriken in Porto Marghera besucht und mich auf die Spuren ihrer Opfer gemacht, schließlich in diesem Zusammenhang auch engagierte Politiker kennengelernt, die sich um eine andere Zukunft für die Stadt bemühten. Irgendwann auf dem Markusplatz, als wieder einmal unsichtbare Giftwolken über die irreal schönen Paläste zogen, hat mir Roberto D'Agostino von seiner Vision erzählt: von einer dynamischen und zukunftsfähigen Stadt, deren Blick nicht mehr nur rückwärts gerichtet ist. Seine Gedanken waren mir damals eine wichtige Anregung, um nach einem anderen, lebendigen Venedig zu suchen – das einzige, das in unserer Zeit überleben kann.

Am Ende, sagte ein Liedermacher auf der Giudecca, ist es vielleicht einer der wenigen Orte auf der Welt, an dem man sich selbst nicht verstecken kann. Und La Fenice, das berühmte Theater, ist am Ende meines Weges durch das andere Venedig wieder aufgebaut.

Ich danke allen, die mir ihre Geschichte erzählt haben.

# Alltag im Palazzo

## Wenn Kinder in den Kanal fallen

Anna Campagnari wohnt in einem Palast aus dem 14. Jahrhundert, der mit allen Attributen wahren Adels ausgestattet ist: Es gibt ein Wappen, ein türenschlagendes Gespenst, einen statuenbestückten grünen Innenhof, einen Keller mit ziemlich verstaubten, versiegelten Weinflaschen, an die zwei Monate im Jahr bedrohlich nah das Hochwasser reicht. An den unverputzten Wänden mit Patina steht die hölzerne Bank mit dem flammenden Wappen der Falier. Eigentlich müßte sie dringend die Deckenbalken streichen, kommentiert Anna unseren gemeinsamen Blick, im gleichen dunklen Braun wie die Holzbank hier. »Ca'« – die Abkürzung von *casa*, Haus, werden die Paläste in Venedig genannt, was bei der Pracht der meisten »Ca'« ein typisches venezianisches Understatement ist. Irgend jemand aus der Patrizierfamilie der Falier hat den eher bescheidenen Palazzo erbaut. Na du weißt schon, Marino Falier, der Doge, dessen Porträt im Dogenpalast mit der schwarzen Schärpe versehen ist. Marino Falier war nach nur einem Jahr Amtszeit, 1355 mit 77 Jahren, zum Tod verurteilt worden. Mit angeblich verräterischen Dogen, die das System bedrohten, ging die Republik Venedig nie besonders zimperlich um.

Gleich neben dem Wappen der Falier steht ein Kinderfahrrad und holt selbst das düstere Kapitel venezianischer Geschichte in eine gelebte und heitere Alltagswelt zurück. Spukt der Geist des Dogen Falier etwa hier im Haus herum? Er zwar nicht, sagt Anna, aber die Gräfin Tornasca, die nach einem Liebesdrama hier ermordet wurde, als sei ein Gespenst der normalste Mitbewohner der Welt. »Und jedesmal, wenn ich das Schlafzimmer betrete, geht automatisch der Kleiderschrank auf.« Ihre beiden Töchter haben dem Gespenst zu Weihnachten wieder ein Bild gemalt. In Venedig lebt man mit vielen Phantasmen. Doch nur das, was sich tagtäglich in der Lagune spiegelt, ist real.

Am Anfang, gleich nach ihrer Heirat, habe sie sich in ihrem Palazzo gefürchtet, obwohl er für venezianische Verhältnisse von eher bescheidenen Ausmaßen ist. *Il salotto*, das Wohnzimmer, ist so groß, wie es früher ihre gesamte Zwei-Zimmer-Wohnung war. Zum Glück gibt es in San Tomà noch viele traditionelle Stoff- und Rahmenmacher, und hier hat Anna auch den Stoff für die durchsichtig fließenden weißen Vorhänge, die grünen Außenjalousien und die gelbsamtenen Schabracken, die »*mantovane*«, gekauft. Ein *palazzo* kann sowohl das große Wohnhaus mehrerer Mieter als auch ein Palast mit noblem Innenleben sein: Annas Haus fällt eindeutig in die zweite Kategorie, obwohl er, ungewöhnlich für einen Palast, im Winter sogar gut heizbar ist. Mit der rotweiß-karierten Plastik-Decke auf dem Tisch sieht es im *salotto* wie in jeder normalen Familienküche aus. »Der typische venezianische Palast ist um einen zentralen Salon angeordnet. Der *portego*, der Eingang im Erdgeschoß, ist immer zu Wasser und zu Land erreichbar«, erklärt Anna. »Das ist überall in der venezianischen Architektur zu erkennen und ist durch die Jahrhunderte hindurch gleich geblieben. Um diesen großen Salon öffnen sich die anderen Räume, Schlaf- und Arbeitszimmer, Salons. Im weniger schönen Teil sind die Bäder und Küchen untergebracht. In den Zwischenstockwerken, den *mezzanini*, wohnte früher die Dienerschaft. Im *mezzanino* über dem *piano nobile* lebte allerdings auch die Familie in der kalten Jahreszeit, weil die großen Salons schlecht heizbar waren. Hier fand in den Wintermonaten das normale Familienleben statt.« Gotik, Neogotik und Barock haben sich, wie überall in der Stadt, zu einem typisch venezianischen Baustil vermischt. Bevor man die Glasfabriken nach Murano verbannt hatte, wurden viele Gebäude, deren Hauptbestandteil früher noch Holz war, durch das Feuer zerstört. Man restaurierte und baute an, wie und wo es gerade nötig war. »Natürlich wetteiferten die adligen und die großen bürgerlichen Familien miteinander, wer den schönsten Palast besaß. Aber das waren nur Äußerlichkeiten. Und hinter dieser Fassade ging es ganz normal – und funktional – zu. Das Äußere mußte immer strahlend, etwas ganz Besonderes und großartig sein. So betrachtet war Venedig immer ein großes Theater – ein Theater des Lebens. Wenn man sich zeigen will, muß man sich in Szene setzen. Dahinter verbirgt sich all das Positive oder Negative, das zu einem Individuum gehört. Aber in Venedig herrschte immer große Toleranz und Achtung vor der Lebensweise des einzelnen, die wiederum Ausdruck eines ausgeprägten Sinns für das Gemeinwesen war.« Wie alle Gebäude Venedigs, so ist auch Annas Palast nach der besonderen Bauweise der Lagunenstadt errichtet. Etwa zwanzig Meter lange Eichen- oder Lärchenstämme wurden eng nebeneinander an schlammigen Stellen bis auf den Boden der Lagune getrieben. So entstand ein ebener Holzteppich, auf den zwei horizontale Balkenschichten aufgenagelt wurden. Auf das Holz wurden Ziegel gemauert, darauf, über der Wasseroberfläche, Steine errichtet. Das hölzerne Fundament der Häuser lag unter Wasser und versteinerte im Lauf der Zeit.

Schon beim Einkaufen fangen die Schwierigkeiten einer Stadt im Wasser an, sagt Anna, und manchmal weiß sie nicht, ob es ein Vergnügen oder doch eine ziemliche Anstrengung ist. Viele ihrer Freunde sind, wegen des umständlichen Transportsystems und wegen der hohen Preise für Wohnungen und Lebensmittel, längst nach Mestre gezogen, wo die Mietpreise nur halb so hoch sind. Annas Familie besitzt zwei Boote und ein Auto, das in der Garage auf der Insel Tronchetto steht und für kleine Reisen der vierköpfigen Familie absolut notwendig ist. »Für Venezianer ist das Auto wie für andere Leute das Boot«, erklärt Annas Nachbar. »Das Boot braucht man im täglichen Leben, ein Auto schafft man sich für die Sonntagsausflüge und als Statussymbol an. Das Auto benutzen die meisten Venezianer nur im Sommer, im Winter nehmen sie die Batterie heraus und lassen es bis zum Frühjahr in der Garage stehen.«

Anna erzählt, daß sie jeder um die städtische Garage beneidet, für die sie 150 Euro monatlich zahlt. Von privaten Vermietern wird für eine einfache Box ohne Dach sogar das Vierfache verlangt. »Einmal im Monat machen wir Großeinkauf auf dem Festland und laden am Tronchetto alles vom Auto in das Boot um. Obst, Gemüse und frischen Fisch kaufe ich alle zwei, drei Tage auf dem Rialto-Markt, wo die Preise einfach niedriger als in anderen Stadtvierteln sind.« Als wir das Haus verlassen, schiebt Anna ihren *carello*, den typischen venezianischen Einkaufswagen, vor sich her.

In ihrem Viertel ist Anna Campagnari eine bekannte Gestalt, weil sie als siegreiche Regattenfahrerin schon mehrfach zum Ansehen des *sestiere*, des Stadtviertels, beigetragen hat. Als wir über die erste Brücke gehen, begegnen wir einem ihrer Freunde aus der Kindheit, mit dem sie am Nachmittag ins Hallenbad auf der Insel Sacca Fisola geht. Anna und ihre Familie sind äußerst sportlich. Die Pokale meines Mannes stehen im Foyer, sagt Anna, meine, von den Frauenregatten, hat er in das Zwischenstockwerk verbannt.

Am Zeitungskiosk bleiben wir vor dem jährlich neu aufgelegten »Kalender der Gondolieri« und dem Porträt des beeindruckend gutaussehenden Igor stehen. »Vor dem Hotel Danieli, am Bahnhof und an der Rialto-Brücke stehen die besten«, sagt Anna, und Igor hat die Vertrauensstellung als Teamleiter in beeindruckend kurzer Zeit geschafft. Der Teamleiter teilt die Routen und Schichten ein und wacht darüber, daß alle vorschriftsmäßig gekleidet sind. Strohhut, Ringelhemd und blaue Hose im Sommer, dunkle Jacke und Pullover im Winter sind wie eine Uniform. »Als die Gondeln noch für die Venezianer da waren, war es ein Hungerleider-Job, aber heute werden die Lizenzen, die sonst nur vom Vater auf den Sohn vererbt wurden, für astronomische Summen ab 300 000 Euro verkauft.« Die Überfahrt bei San Samuele etwa, einer städtischen Anlegestelle, die pro Überfahrt vierzig Cent kostet, wird von der

Kommune subventioniert. Früher gab es alle dreihundert Meter diese Anlegestellen, geblieben sind sechs davon: von San Tomà nach Sant' Angelo, von San Marcuola nach San Staè, von Santa Sofia zum Rialto, von der Kommune, Ca' Farsetti, nach San Silvestro, von San Samuele nach Ca' Rezzonico und von der Salute-Kirche nach Santa Maria del Giglio.

Seitdem sie achtzehn ist, verbringt Anna einen großen Teil ihrer Freizeit beim Rudertraining. »Als ich mit den Regatten begann, haben erst wenige Frauen daran teilgenommen, sie wurden von den Männern auch noch nicht gern gesehen. Vielleicht hatten sie Angst, sie würden ihnen die Schau stehlen. Aber inzwischen haben sie sich daran gewöhnt. Zusammen mit Igor, dem Gondoliere, war ich ein ziemlich erfolgreiches Team.« Wenn Anna dann am Morgen am Rialto einkaufen geht, werden zuerst die Titel im Sportteil von *Il Gazzetino* und *La Nuova Venezia*, den beiden Lokalzeitungen, kommentiert. Aber die Kritik, wenn sie – was selten geschieht – einmal verloren hat, ist gnadenlos. Die Vorbereitung zu den Regatten erfordert das ganze Jahr über eine eiserne Disziplin, bei der die Gondolieri durch ihre tägliche Arbeit einfach einen Vorsprung haben.

In der Vergangenheit der Republik wurden Regatten veranstaltet, um große Ereignisse zu feiern und um der *Serenissima* Ehre zu erweisen. Die erste Regatta fand im 15. Jahrhundert statt, als Caterina Cornaro, Königin von Zypern und durch ihre besonderen Verdienste »Tochter der Republik«, ihre Heimatstadt besuchte. Heute finden die großen *Regate storiche* am ersten Septembersonntag und am Himmelfahrtstag statt. Sie gehören, neben dem Redentore-Fest am 21. Juni und dem Fest der *Madonna della Salute* am 21. November, zu den wichtigsten venezianischen Ereignissen. »Mein Boot ist eine *mascheretta*«, erklärt Anna, »und es trägt diesen Namen, weil es früher angeblich von maskierten Frauen benutzt wurde. Es ist so ähnlich gebaut wie eine Gondel in ihrer ursprünglichen flachen Form. Wegen des stärkeren Wellengangs, dem gefährlichen *moto ondoso*, hat man Bug und Heck der Gondeln erhöhen müssen. Wenn ich mit meinem Ruderboot unterwegs bin, weichen mir die Motorboote zum Glück meistens aus. Aber es gibt Tage und Uhrzeiten, da herrscht so viel Verkehr, am Sonntagmorgen zum Beispiel, daß man am besten gleich zu Hause bleibt. Bei flachen Booten, wie sie häufig von Frauen benutzt werden, kann das richtig gefährlich sein. Schlimm finde ich, daß viele auf dem Wasser so respektlos sind.« Erst in den letzten Jahren wurde durch Initiativen wie *Pax in aqua* der *moto ondoso* bekämpft.

Fahrten über das Wasser haben alle Stationen in Annas Leben bestimmt. »Hier in Venedig ist es üblich, daß die Braut mit der Gondel in die Kirche fährt. Und da mein Mann und ich einem traditionellen Ruderverein angehören, hat man uns mit einer *disdotona*, einer Gondel mit 18 Rudern, abgeholt. Ganz vorne, wo normalerweise die Ehrengäste sitzen, saßen wir beide. Auf dem Weg zur Kirche mußten wir unter einer Brücke hindurch. Aber an dem Tag stand das Wasser ziemlich hoch, und ich mußte den Priester bitten, uns pünktlich um fünf zu trauen. Denn bei dem Hochwasser wären wir nach dem Einsetzen der Flut sonst nicht mehr nach Hause gekommen. Der Priester nahm es mit Humor und war einverstanden, auch weil er uns schon lange kannte.« Durch *calli* und *sottoporteghi* gehend, schauen wir uns Alltagsleben, Gesichter und Häuser an. »Hast du die im Regenmantel gesehen«, sagt Anna, »das ist eine echte Gräfin, sie kauft jeden Morgen hier ein. Der Einkauf wird dann von der Hausangestellten in ihre Wohnung gebracht. Die Nachfahren der berühmten Dogen-Familien sind überall in der Stadt zu sehen.«

»Hier ist noch ein Geschäft, in dem es alle Spezereien gibt«, sagt Anna, »hier kaufen wir vor Weihnachten lose Schokolade ein.« Im Schaufenster des kleinen Ladens sieht es mit den Gewürzen und getrockneten Früchten wie auf einem Bazar des Orients aus. »Wenn man jeden Tag zu Fuß oder mit dem Boot unterwegs ist, sieht man viele Besonderheiten der Stadt. Man spürt richtig, wie sehr sie dem Meer, der Lagune entrissen wurde. Wenn man die Grundrisse der venezianischen Häuser betrachtet, merkt man, daß es in Venedig keinen einzigen rechten Winkel gibt. Alle laufen spitz oder stumpf zu, was immer von den Umrissen der Grundstücke abhängt, auf denen die Paläste oder auch die ganz einfachen Häuser erbaut waren.«

Ziemlich spät kommen wir auf dem Rialto-Markt an. Morgens um vier werden die ersten Verkaufsstände geöffnet. In der Mitte des Platzes sind die Verkaufsstände unter freiem Himmel untergebracht. Das Gericht, Arbeitsplatz von Staatsanwalt Felice Casson, der die Verantwortlichen der Giftfabriken von Porto Marghera angeklagt hat, liegt gleich nebenan. Seit einer Bombendrohung hat man den ganzen Platz renoviert, und die Ratten haben sich ein ungestörteres Quartier ausgesucht.

Unter den Ständen wählt Anna den ihrer Freundin Bianca aus, mit der sie beim Rudern trainiert und manchmal gemeinsam gewonnen hat. Bianca kommt von der Gemüseinsel Sant'Erasmo und verkauft nur Produkte, auf denen *nostrane*, aus der Gegend, steht. Artischocken und Zucchini von Sant'Erasmo sind zwar etwas teurer, aber von besonderer Qualität. Anna hat Artischocken von der Gemüseinsel und Radicchio aus Treviso für unser Mittagessen vorgesehen. Die kurzen Gespräche zwischen Händlern und Kunden werden im venezianischen Dialekt geführt: Zeichen einer Vertrautheit und Zugehörigkeit, die sich, fast als Gegenpol zum täglichen Touristenstrom, erhalten hat. Zwei junge Mütter und viele alte Frauen kaufen neben uns ein. »Venedig ist eine überalterte Stadt«, sagt Anna, »allein in unserer Familie gibt es sieben Onkel und Tanten, die weit über achtzig sind.«

Wir sprechen über die Gestalten der Vergangenheit, und Anna erinnert sich an die Erzählungen ihrer Mutter, etwa von der schönen Bianca, der Geliebten des letzten österreichischen Kaisers Franz Joseph, die jeden Nachmittag im blauen Seidenkostüm, passend zu ihren Augen, über den Markusplatz ging.

Gleichzeitig mit dem Rialto-Markt sind die *Bàcari*, die kleinen Weinschenken Venedigs, entstanden. Früher waren sie zum Aufwärmen, morgens nach dem Öffnen der Stände, bestimmt. Unsere Gäste bestehen zur Hälfte aus Venezianern und Touristen, sagt Andrea im *Bancogiro*, der das älteste venezianische Bàcaro wiedereröffnet hat. Wir trinken den typischen Aperitif, *lo Spritz*, Wein mit Wasser aufgeschäumt, mit Campari oder Aperol gefärbt. Dazu gibt es kleine Stückchen Polenta, eingelegte *acciughe*, Sardinen, oder gebratene Auberginen. Geheimtips gibt es nicht. Aber manche haben, trotz des Zustroms, ihre Qualität bewahrt. Es ist ein Gefühl wie überall in Italien: Die Schönheit der Stadt und die Ästhetik der Umgebung fließen in die Alltagsrituale ein.

Familienalltag in Venedig, wie sieht er für Annas Kinder aus?

»Meine Töchter sind sechs und zehn, und die Lagune, das Wasser, ist ihnen von klein auf vertraut. Elena und Caterina haben schon lange gelernt, mit dem Boot umzugehen. Das gehört in Venedig einfach dazu. Manchmal hole ich sie nachmittags mit dem Boot von der Schule ab. Wir besitzen seit über zwanzig Jahren ein *scioppòn*, das im Kanal vor der Haustür liegt; früher hat man es zur Jagd in der Lagune benutzt. Das *scioppòn* ist fast drei Meter lang und nach dem Jagdgewehr benannt, das normalerweise am Bug lehnte. Manchmal fahren wir abends mit dem Boot durch die Stadt. So lernen die Mädchen ganz spielerisch, damit umzugehen.« Es war ihr wichtig, erinnert sich Anna, daß ihre Töchter vor dem Lesen und Schreiben schwimmen lernten. Und was passiert, wenn eines der Kinder einmal ins Wasser fällt? »Meine kleine Tochter ist zwar letztes Jahr in den Kanal gefallen. Aber aus dieser Erfahrung weiß ich auch, daß es nicht so schlimm ist. Mein Mann sagte ihr, paß auf, daß du den Schwamm nicht verlierst, als sie mit ihm das Boot geputzt hat. Da war es schon passiert. Sie hat sich weder erkältet noch ist sie sonst irgendwie krank geworden. Sie war noch nicht einmal besonders erschrocken darüber.«

In ihrer Familie versucht Anna, fast verlorengegangene Traditionen zu erhalten. »Früher war es üblich, daß schon Kinder ein eigenes Ruder in ihrer Größe bekamen. Zur Geburt meiner Tochter hat meine beste Freundin ihr ein eigens angefertigtes Ruder von einem bekannten Meister geschenkt. Es ist dermaßen schön und perfekt, daß ich es mir am liebsten für die historischen Regatten ausgeliehen hätte. Und Elena benutzt es schon. Sogar die kleinere mit ihren sechs Jahren fährt bereits mit dem Boot, mein Mann hat ihr die ersten Grundbegriffe beigebracht.« Und an diesem Nachmittag, erzählt Anna, wird ihre Tochter Elena, wie immer einmal pro Woche, auf den Sportplatz auf Murano gehen. Egal, was man tut, in Venedig geschieht es auf einer Insel, und man hat die Lagune im Blick.

Zurück im Palazzo in San Tomà setzt Anna das Risotto auf: Öl, eine Knoblauchzehe, zwei Radicchio-Strünke, zwei Tassen Reis, Brühe, alles zusammen wird – Annas persönliche Mischung – mit Rotwein abgelöscht. »Mein Vater ist passionierter Koch und wäre über den Rotwein entsetzt«, sagt sie. Aber das fertige Risotto, mit viel Butter und Parmesan, färbt sich durch den Wein leicht rosa, was perfekt zum Radicchio paßt. Zum Essen hat Anna eine Flasche Prosecco aus dem Keller geholt. Von Transportunternehmer Luigi Vianello wird er bis zur Kellertür transportiert. »Der Winzer aus Valdobbiadine, dem klassischen Prosecco-Gebiet, ruft immer an, wenn der Mond richtig steht und ich den Wein aus der *damigiana*, dem Fünfzig-Liter-Behälter, in die Flaschen abfüllen kann.«

Das Fenster zur Küche hinaus ist ausnahmsweise geschlossen: Hier finden gerade die Kanalreinigungsarbeiten mit ziemlich durchdringendem Lärm statt. Seit der Amtszeit des ehemaligen Bürgermeisters Massimo Cacciari werden die jahrzehntelang vernachlässigten Reinigungsarbeiten der insgesamt 35 Kilometer langen Kanäle kontinuierlich und sorgfältig durchgeführt. Seit ein paar Jahren ein andauernder Prozeß: Wenn ein Teil der Kanäle gereinigt ist, fängt die Arbeit bei den anderen wieder von vorn an. Zuerst werden die Kanäle mitsamt dem Wasser ausgebaggert, danach werden Hausfassaden, Gas- und Wasserleitungen instand gesetzt. Neben der Ausgrabung der Kanäle werden, was ebenso wichtig ist, Brücken und Ufer gereinigt und restauriert. Früher, zur Zeit der Dogen, wurde dies regelmäßig ausgeführt. »Manchmal riecht es etwas modrig«, sagt Anna, »was meistens mit der Witterung zu tun hat. Spätestens seit dem Sturz meiner Tochter weiß ich, daß das Wasser inzwischen wieder recht sauber ist. Vereinzelt sind in den Kanälen sogar schon wieder Fische zu sehen. In den fünfziger Jahren haben die Venezianer mit der typischen Einstellung der Mittelmeerbewohner, das Meer schlucke alles, ihren Müll in den Kanälen entsorgt. Bei meiner früheren Nachbarin konnte ich die Uhr danach stellen. Um elf Uhr, jeden Tag, ging das Fenster auf, und es machte Plop! Diese Zeiten sind zum Glück vorbei. Früher hat man auch alte Waschmaschinen einfach in den Kanal geworfen, obwohl es schon lange einen kostenlosen Sperrmüllservice gibt.«

Anna zeigt Familienfotos. In ihrer eigenen Geschichte spiegeln sich die Handelsbeziehungen der Republik: Ihre Tante stammt aus dem spanischen

Cadif, der Großvater ihres Mannes aus der Türkei. Der war durch erfolgreichen Handel zu Wohlstand gelangt und hatte den *piano nobile* des Palastes gekauft. In seiner Vergangenheit war Venedig eine kosmopolitische Stadt im besten Sinn des Wortes.

»Weißt du eigentlich, daß ich in der Sonderprüfungskommission für Gondolieri bin?« fragt Anna, und es klingt, als sei diese Geschichte für eine Vorabendfernsehserie erfunden worden, wo sie wahrscheinlich inzwischen auch gelandet ist. »Es gab ein einziges Mal eine Frau, die sich eine eigene Gondel – 25 000 Euro – gekauft und um eine Gondolieri-Stelle beworben hat. Bei der ersten Prüfung ist sie durchgefallen. Leider hat sie, anstatt wirklich zu üben, bei der zweiten Prüfung ein Spektakel daraus gemacht und die privaten Fernsehsender informiert.« Wie die Geschichte schließlich ausging, wollte Anna gar nicht mehr wissen. Sie kann es sich einfach nicht vorstellen, daß jemand, der Gondoliere werden will, beim Wenden des Boots an die befestigten *fondamente* stößt.

Inzwischen haben wir San Tomà erreicht, das Zentrum von Santa Croce, das heute eines der teuersten und begehrtesten Viertel ist und unweit der Universität liegt. In den sechs *sestieri*, San Marco, Dorsoduro, San Polo, Santa Croce, Cannaregio und Castello haben sich die unterschiedlichen sozialen Schichten seit jeher ganz selbstverständlich vermischt. »Es gehört zu den Besonderheiten Venedigs, daß der Patrizier und der Dienstbote im selben Viertel zusammenleben. Ich glaube, daß das vor allem mit der Entstehung der Stadt zu tun hat. Dieses Dasein, die Existenz als Insel, bedingen diese große Leichtigkeit. Dabei darf man nicht vergessen, daß viele Familien den Adelsstand nicht durch Vererbung erlangt haben, sondern aufgrund ihrer erfolgreichen Handelsgeschäfte oder weil sie Schlachten gewonnen haben, in jedem Fall, weil sie der Republik Venedig Vorteile verschafft haben.«

Wie sieht Anna ihr eigenes Leben hier? »Wir fühlen uns Venedig und der Lagune sehr verbunden. Den Sommer verbringen wir mehr oder weniger auf dem Boot, mit ein paar Tagen in den Bergen dazwischen. Ich glaube, daß das Leben bei uns im Vergleich zu anderen Städten viel ruhiger und für Kinder auch sicherer ist. Meine Töchter genießen das Leben hier. Selbst am Abend können sie noch zum Spielen hinaus auf die *campi* gehen. Venedig ist eine kinderfreundliche Stadt. In den verborgenen Gassen und Innenhöfen erfinden wir gemeinsam kleine Geschichten.«

Der Zeitungshändler, der Schuhmacher, der Konditor mit den österreichischen Törtchen sind die Gestalten ihrer Alltagswelt, in der Venedig eine lebendige Stadt und keine prachtvolle Kulisse mehr ist. »Wenn ich Touristenansammlungen vor mir sehe und es besonders eilig habe, finde ich es natürlich lästig. Aber die Touristen machen ja den Reichtum

Venedigs aus. Innerhalb ganz kurzer Zeit haben als Folge viele Geschäfte für den täglichen Bedarf zugemacht. Und dafür gibt es eben Designerläden, Masken für jeden Geschmack. Aber natürlich kann man dem auch entgehen. In dem Gewirr der Gassen lernt man schnell, den Menschenströmen auszuweichen. Wenn man es eilig hat und den kürzesten Weg nimmt, ist es natürlich ärgerlich, wenn man aufgehalten wird. Aber es ist immer noch besser, als in Rom, Mailand, Neapel oder Turin im Stau zu stehen. In Venedig ist man einem Streß ausgesetzt, der von Menschen verursacht wird. Denn schließlich sind es Menschen, mit denen man hier zusammenstößt.« Mit dem Leben mitten im Wasser hat sich Anna Campagnari in jeder Hinsicht arrangiert. »Ich bin sogar mit Gummistiefeln bei Hochwasser zu meiner Entbindung gegangen. Ich spürte schon die Wehen und habe die Ambulanz angerufen. Aber die konnten nicht kommen, weil sie bei dem Wasserstand nicht unter den Brücken hindurchkamen. Ich mußte also irgendwie bis zum Canal Grande gelangen. Bei Hochwasser und mit Wehen ist es ziemlich anstrengend, durch das Wasser zu waten. Irgendwie habe ich es dann doch geschafft. Mein Arzt sagte hinterher zu mir, wenn du zur Entbindung gerudert wärst, hättest du dich wahrscheinlich weniger anstrengen müssen.

# Erde und Meer versöhnen sich

**Wie Stadtplaner Roberto D'Agostino
Venedig verändert hat**

*Ca' Farsetti*, Sitz der Kommune, ist ein weißer Palast,
den direkt neben dem Menschengewirr am Rialto
eine angenehm distanzierte Kühle umgibt.

Woran er denke, wenn er von seinem Fenster auf
den Canal Grande sieht, frage ich Roberto D'Agostino. Unter dem Büro des Planungsdezernenten
rauschen eine Ambulanz und unzählige Motorboote
vorbei und schaffen die dichte Geräuschkulisse einer
Autobahn. Der Kanal, an diesem Wintertag kitschig
schön, liegt im gleißenden Sonnenlicht. Er denke
daran, Venedig zu retten, aber daran denke er auch,
wenn er aufwacht und wenn sein Sechzehn-Stun-
den-Tag irgendwann zu Ende ist.

Es ist später Vormittag, und die Besucher zwischen
den Bögen und Verkaufsständen des Rialto heben

sich als dunkle, gesichtslose Punkte ab. Vor zwei Stunden noch haben sich Pendler und Besucher auf der Brücke zwischen Bahnhof und Stadt wie immer gegenseitig den Weg verstellt. Ob die vielen Menschen auf dem Rialto, Touristen und Händler, eigentlich wissen, daß die Rettung Venedigs kein unabänderliches Schicksal ist, sondern jeden Tag durch ihr eigenes Verhalten beschleunigt oder verhindert wird?

Venedig retten heißt Venedig verändern, sagt Roberto D'Agostino, und während sein Blick zwischen seinem übervollen Schreibtisch und dem wunderbar geschwungenen Fenster schweift, weiß man, daß er nicht das Hochwasser und schon gar nicht die mobilen Schleusen meint. Venedig retten, das heißt die tiefen, schmerzhaften Wunden im verletzten Gefüge der Stadt heilen. Denn die *Comune di Venezia*, das ist nicht nur die weltberühmte Altstadt, dazu gehören genauso – als gleichberechtigte Teile eines ungewöhnlichen Stadtgebildes – Mestre und Porto Marghera. 271 000 Einwohner hat die Kommune, wobei etwa 66 000 in der Altstadt leben.

Nicht, daß sich Roberto D'Agostino, in Bologna geborener Architekt und Stadtplaner, häufig in Anekdoten und persönlichen Erinnerungen verliert, aber irgendwann fängt er doch von seinen politischen Anfängen als *assessore* zu erzählen an: Ex-Bürgermeister Massimo Cacciari, den er aus den Jahren der politischen Auseinandersetzungen vor 1968 kennt, hatte ihn bei der Kommunalwahl 1993 als einen der zukünftigen Entscheidungsträger in sein Team geholt. Einer der wichtigsten Programmpunkte war damals eine neue Stadtplanungspolitik, die jahrzehntelang vernachlässigt worden war. Viele Erwartungen waren auf den neuen Stadtrat gerichtet. Cacciari gewann im zweiten Wahlgang. Kurz zuvor war Roberto D'Agostino im Auftrag der Europäischen Kommission nach Montevideo gefahren. Irgendwann, bei seinem Anruf in Venedig, erfuhr er, daß Cacciaris Telefonnummer nun eine andere war und wie alle Nummern der Kommune mit 274 begann. Jetzt ist es also passiert, hatte er gedacht, und sich auf den Rückweg gemacht.

In dritter Amtszeit hat Roberto D'Agostino heute sein Büro im zweiten Stock von *Ca' Farsetti* eingerichtet. Zuerst war er Dezernent für Stadtplanung, dann für Ökologie; Dezernat für *Pianificazione Strategica*, strategische Planung, steht heute an seiner Tür, eine Planungsbehörde, die ihm den übergeordneten Blick auf die Stadt erlaubt, was er natürlich selber nie zugeben wird. Sein Amt klingt so schwierig wie das Puzzle Venedig, und irgendwie, spürt man, hat er es ständig im Blick.

Er hat dieses Amt nicht unbedingt gesucht, sagt er heute. Aber die technischen Mittel, Stadtplanung, wie er sie versteht, kann manchmal die Bedingungen schaffen, damit eine Gesellschaft, in diesem Fall der Mikrokosmos Venedig, sich verändert. Vor seinem

Amt hat er die neuen Urbanistik-Konzepte für Ferrara, Verona, Modena, Trento, die Altstädte in der Provinz Trento geplant und in seiner Heimatstadt Bologna zu Beginn der sechziger Jahre mit erstellt.

»Venedig neu denken«, *ripensare Venezia*, war als Gedanke zum ersten Mal in den achtziger Jahren auf Symposien des »Istituto Gramsci« aufgetaucht, die Massimo Cacciari und Roberto D'Agostino organisiert hatten. D'Agostinos *città bipolare* wies damals schon auf ein zukünftiges Modell und die notwendige Anbindung Venedigs an das Festland hin. Die technischen Lösungen zur oft beschworenen Rettung Venedigs, auf die man in den siebziger Jahren gesetzt hatte, konnten keine fehlenden politischen Strategien ersetzen, so lautete der Grundgedanke. Die wirklichen Konflikte, mit denen die Stadt – jenseits von Mythen und Untergangsphantasien – zu kämpfen hat, gehen auf Fehlplanungen in unserem Jahrhundert zurück. Während in den zwanziger Jahren der Lido zum beliebtesten Badeort Europas avancierte und das Spielcasino, nach Mussolinis Willen, zum schönsten Europas werden sollte, wurden gleichzeitig vor den Toren der Stadt – in beispielloser Kurzsichtigkeit – Chemiefabriken errichtet, die alles produzierten, was giftig war. Das letzte Stadtplanungsmodell war in den späten Fünfzigern entstanden. Bei der Anlage von Porto Marghera orientierte man sich noch am englischen Gartenstadtmodell. Zwischen den todbringenden Industriefabriken und

Wohnungen sind als zynischer Kontrast überall hübsche kleine Gärten zu sehen.

»Venedig hatte keine Vorstellung mehr von sich selbst, was verheerende Folgen für die ganze Stadt hat«, sagt D'Agostino heute in Gedanken an die schwierigen Anfänge. Eine jahrzehntelange Verwahrlosung und die Verantwortungslosigkeit einer politischen Klasse, der es nicht gelungen war, jenseits des Tourismus neue Wege für Venedig zu denken, lastete schwer auf der Stadt, als er sein Amt Ende 1993 übernahm. »Alle Strategien waren auf Erhalt ausgerichtet. Aber wenn man die Stadt erhalten wollte, mußte man eine Vision haben, wie sie in Zukunft aussehen sollte.« Die derzeitigen Bewohner, die zum größten Teil vom Tourismus leben, haben die Stadt zu egoistischen Zwecken ausgeblutet, sagt D'Agostino, sie tun es heute noch, und diese Mentalität ist für die Stadt gefährlicher als jede Naturgewalt. »Die Leute glauben, daß das Hochwasser das eigentliche Problem Venedigs sei. Aber das gab es schon vor tausend Jahren und gehört zur Realität der Stadt.«

Ein Blick zurück: Das heutige Stadtgebilde Venedigs ist im frühen Mittelalter entstanden und hat sich bis ins 19. Jahrhundert hinein fast unverändert erhalten. Seine Erbauer orientierten sich an den geographischen Gegebenheiten und am unsichtbaren System der Wasserläufe, die im Becken von San Marco und zum offenen Meer hin vor dem Lido zusammenfließen. Venedig war Brückenkopf aller Wege, die von hier aus in den gesamten Mittelmeerraum hinausführten. Nach dem Ende der politischen Autonomie und dem Niedergang des Handelsimperiums verlor das alte System jedoch seine Bedeutung. Die geographischen Bedingungen bestanden zwar weiterhin, sie standen aber immer mehr im Widerspruch zu jeder modernen Entwicklung. Anders als alle anderen modernen Städte, sagt D'Agostino, besteht Venedig nicht aus konservierter Altstadt und wachsender Peripherie, sondern aus zwei Polen, Venedig und Mestre, deren geographische Lage einmalig ist und die nach dem Zusammenschluß im Jahr 1926 heute aufeinander angewiesen sind. Mestre lebte im Schatten der schönen Schwester und war wenig selbstbewußt, konnte jedoch wachsen, weil es genügend Raum zur Verfügung hatte. Die Lage im Wasser hatte Venedig in seiner Vergangenheit geschützt, aber im 20. Jahrhundert war die Lagunenstadt zu einer Gefangenen des Wassers geworden. Trotz des boomenden Tourismus stand Venedig in der nationalen Statistik für Lebensqualität noch zu Beginn der neunziger Jahre, als Roberto D'Agostino sein Amt übernahm, an letzter Stelle unter den Kommunen Norditaliens. Die Stadt verlor mit dem Massentourismus und der Abwanderung der »normalen« Bevölkerung auch ihre kulturelle Identität, ohne einen Schritt in eine andere Zukunft zu wagen. Heute, nach fast zehn Jahren intensiver Arbeit, zeigt sich bereits ein anderes Bild: Nach vielen mühsamen Schritten einer engagierten Stadtplanungspolitik ist Venedig dabei, aufzuholen.

Wenn Roberto D'Agostino heute erzählt und dabei manchmal und etwas zögernd auch in seine eigene politische Vergangenheit blickt, ist es, als hätten sich seine Konzepte und Ideen langsam aber stetig wie ein immer dichter werdendes Netz aus Gedanken und Impulsen über die Stadt gelegt. Ein fähiges und engagiertes Mitarbeiterteam hat er seit damals zusammengestellt und manchmal auch die ausgetretenen Pfade verlassen und nach ungewöhnlichen Lösungen gesucht.

Vor sechs Jahren hatte Roberto D'Agostino zum ersten Mal von seinem Plan für Venedig erzählt: »Wir hatten damals vor, viele Mosaiksteine zu schaffen, die zu einem einzigen großen Plan zusammenfließen sollten. Die meisten Bausteine dieses Plans wurden inzwischen umgesetzt.« Mit dem *Piano Regolatore* und der Realität Venedigs im Blick haben sich Roberto D'Agostino und sein Team an die Veränderung Venedigs gemacht.

Ob er sich erinnert, damals wollte er die Stadt des Wassers mit dem Festland verbinden?

Die *città bipolare*, Venezia-Mestre, zu beiden Seiten der Freiheitsbrücke, die vom Festland über das Wasser führt, war Grundidee des Projekts. Damit sollte in einer knappen Formel veranschaulicht werden, daß die eine ohne die andere nicht existieren kann.

Mit seinen 450 Quadratkilometern erstreckt sich die Kommune von Venedig über das zweitgrößte Stadtgebiet in Italien nach Rom. Zusammen mit Padua und Treviso gehört die Provinz Venetien zu den Gebieten, in denen die größte und lebendigste wirtschaftliche Entwicklung in Italien zu verzeichnen ist. Durch die isolierte Lage im Wasser blieb Venedig lange Zeit davon ausgespart. Venedig oder die *città antica*, die Altstadt, wie D'Agostino sie nennt, verkörperte die große Geschichte, die kulturelle Identität, ihm gilt die Aufmerksamkeit der Welt. Mestre verfügt rein geographisch über den Raum, der für die Entwicklung beider Pole notwendig ist. Die Verbindung der Stadt des Wassers mit der Stadt des Festlands soll beide zu einer Metropole vereinen und für die Altstadt verstärkt eine Perspektive jenseits des Tourismus schaffen. Durch den Ausbau der Bereiche Forschung und Universität, neue Technologie und Kultur, könnte Venedig zu einer zukunftsfähigen Stadt werden – nach den Regeln, die einer Metropole entsprechen: Die Umwandlung von Porto Marghera in Fabriken mit umweltverträglicher Produktion, die Schaffung von schützenden Zwischenzonen an den Lagunenrändern, neuer Wohnraum in der Altstadt, bessere Zufahrtswege und Terminals, die den bislang chaotischen Zugang zur Stadt regeln, sind die Grundbausteine seines Konzepts.

»Das neue Stadtplanungsmodell hat die verschiedenen Realitäten Venedigs erkannt und zu versöhnen versucht. Diese neue zentrale Achse zwischen Venedig und Mestre soll vor allem denjenigen zugute kommen, die hier arbeiten.«

Wir beschließen, einen Spaziergang zu den Orten zu unternehmen, an denen die Stadt die größte Umwandlung erfahren hat. San Giuliano, die Insel zwischen Venedig und dem Festland, ist vielleicht der symbolträchtigste Ort einer tiefgreifenden Veränderung.

In der Topographie der Venedig-Besucher kam die Insel, trotz ihres atemberaubenden Blicks über die Lagune, bislang nicht vor: Jahrzehntelang wurde hier alles abgelagert, was an Giftmüll und verseuchtem Schlamm in Porto Marghera produziert worden war. San Giuliano, zwischen Venedig und seinen Industriegebieten, zwischen Festland und Lagune gelegen, markiert eine Welt des Übergangs.

»Die Anlage des städtischen Parks auf San Giuliano wurde mit Geldern der Kommune, aber ebenso mit EU-Mitteln finanziert. Im Lauf des Jahres werden die ersten 70 Hektar des Parks eingeweiht, das komplizierteste und teuerste Teilstück der insgesamt 150 Hektar, da hier die verseuchte Erde abgetragen werden mußte.« Mit Tausenden von neugepflanzten Bäumen soll San Giuliano zu einer Art Grün- und Filterzone zwischen den Welten werden: der größte städtische Park mitten in Europa. Am Ufer liegen Boote, die auf einen neuen Anstrich warten. Hier sollen Tennisplätze, Bootsanlegestellen und eine Fahrradpiste entstehen. Durch die vielen schmalen Kanäle fließt das Wasser in die Lagune zurück. Das Leben in Mestre wird durch das Naherholungsgebiet in der Lagune eine enorme Lebensqualität gewinnen. Ein paar Monate nach der Einweihung des ersten Teils ist San Giuliano schon ein wichtiger Ort der Mestriner geworden. Zwischen Fabriken und bröckelnden Fassaden eine zukunftsträchtige, menschliche Dimension: Auch der *Parco scientifico tecnologico*, das hier angesiedelte neue Forschungszentrum, das in Zusammenarbeit mit der Universität entstand, hat ein deutliches Zeichen gesetzt.

Erschwinglicher Wohnraum ist Teil einer neuen Politik, um die durch den Tourismus aus der Stadt vertriebenen sozialen Schichten wieder zurückzugewinnen. In der Altstadt, vor allem auf der Giudecca, wollte man durch die Nutzung ehemaliger Fabrikgebäude erschwinglichen Wohnraum – für Venezianer – schaffen. Die meisten der über zwanzig Giudecca-Projekte für Wohnraum und Infrastruktur befinden sich inzwischen in der Phase der Umsetzung: Das *Mulino Stucky*, die ehemalige Getreidemühle, lange Zeit ein verschlafener Koloß am Ufer der Giudecca, schien wie eine Verheißung auf ein neues Venedig zu sein. Jahrzehntelang fanden in seinen aufgegebenen Hallen höchstens noch die Abenteuerspiele der Jugendlichen statt. Nach mehreren gescheiterten Versuchen hatte niemand mehr an die Wiedereröffnung geglaubt. Im Dezember 2002 wurde der erste

Bauabschnitt der Umwandlung beendet: Ein Drittel der 138 Wohnungen können Einheimische nun zu einem festgelegten Preis kaufen. Doch dann ereilte die Mühle ein fast typisches Schicksal in Venedig: Durch mittlerweile erwiesene Brandstiftung wurden der gotische Turm und das neue Kongreßzentrum zerstört. Das Feuer griff jedoch nicht auf die bereits fertiggestellten Wohnungen über. Über die Brandstiftung wird in Venedig heftig spekuliert, und wie immer nimmt es die realen oder grotesken Züge eines Krimis an. Eine venezianische Geschichte, deren Ausgang offen ist.

Die Gebäude der aufgegebenen Junghans-Werke werden von dem Architekten Cino Zucchi zu einem Studentenwohnheim umgestaltet, das sich von Norden nach Süden der *forma urbis* der Giudecca anpaßt. Auch das *»Museo della città contemporanea«*, wo in Zukunft die neuen Projekte Venedigs ausgestellt werden sollen, ist in einer Lagerhalle auf der Giudecca untergebracht.

Mit Roberto D'Agostinos Stadtplanungsmodell sind auch die großen Namen der internationalen Architektur nach Venedig zurückgekehrt. Enric Miralles schafft den neuen Sitz der Fakultät für Architektur in San Basilio, auf dem Gelände ehemaliger Lagerhallen. In der Nähe des alten Hafens gelegen soll das neue Gebäude auch eine ständige Verbindung zur Stadt herstellen: Geplant ist die Struktur eines Amphitheaters mit fünfhundert Plätzen, eine

Aula mit hundert Plätzen für Veranstaltungen, sowie zwölf kleinere Hörsäle. Vittorio Gregotti entwarf die neue Universitätsbibliothek, die 650 000 Bänden Raum bieten soll, sowie das neue Guggenheim-Museum an der *Punta della Dogana*, dem alten Zollamt. Mario Botta hat die Innenräume der Stiftung *Querini Stampaglia* am Campo Santa Maria Formosa gestaltet und damit einem der angesehensten und beliebtesten Orte der Venezianer neues Aussehen und Prestige verliehen. Der Engländer David Chipperfield vergrößert die Friedhofsinsel San Michele. Höfe, Säulengänge und Gärten sind dort von Mauern und Säulen aus istrischem Stein umgeben und schaffen eine parkähnliche Landschaft über dem Wasser.

»Venedig retten«, sagt Roberto D'Agostino, »das bedeutet, daß in der Stadt das notwendige Einkommen produziert wird, die Stadt für verschiedene Berufsgruppen interessant wird und die Menschen hier genügend Geld verdienen, um sich hier niederzulassen. Es bedeutet auch, daß Venedig eine Stadt wird, die dem europäischen Vergleich standhält.« Der Prozeß ist schwierig und vielschichtig, weil es in Venedig vor allem eine herrschende soziale Klasse, die *commercianti*, gibt – sie verdienen am Tourismus und haben kein Interesse an einer neuen Realität.

Die fehlenden Zufahrtswege sind seit langem eines der größten Probleme der Stadt. Die Ponte della Libertà zwischen Venedig und Mestre stellt bislang die einzige Verbindung zum Festland dar, die Insel

Tronchetto ist der einzige, chaotische Umschlagplatz. In Tessera im Norden und Fusina im Süden der Lagune sind zwei neue Terminals geplant. Im Norden, in der Nähe des Flughafens, dem drittgrößten Italiens, sollen in den nächsten Jahren ein Fußballstadion, Parkplätze für Autos und Busse der Touristen aus dem Norden und Osten angelegt werden. Der Entwurf für die Erweiterung des Flughafens stammt von Frank O. Gehry. Der Bereich am Bahnhof soll mit der Piazzale Roma und dem Tronchetto durch die vierte Brücke über den Canal Grande, entworfen von dem Spanier Santiago Cavaltrava, sinnvoll verbunden werden.

Tausende von Touristen, die in wenigen Minuten zum Markusplatz gebracht werden können, waren für die Kritiker des geplanten U-Bahnbaus eine Schreckensvision. »Ich bin nie für theoretische Entscheidungen«, sagt Roberto D'Agostino, »denn die Dinge messen sich an der Realität und nicht an der Idee, die man von ihr hat. Ich stelle ein Projekt vor – ob es eine U-Bahn oder eine Seilbahn sein wird, das entscheidet die sinnvolle Verwendung, die man daraus macht.« Für ihn ist die *sublagunare* eine Möglichkeit, Menschen, die hier arbeiten, wieder schneller in die Stadt zu bringen. Mit einem Schacht von fünf Metern Durchmesser, also weniger, als normalerweise für eine U-Bahn notwendig ist, etwas über acht Kilometer lang, würde sie in neun Minuten den Flughafen, den Lido, das Arsenal und das Krankenhaus miteinander verbinden. Durch den Bau der U-Bahn könnte eine schnelle Verbindung zwischen dem Flughafen und dem bislang unterentwickelten Gebiet im Norden Venedigs entstehen, das gleichzeitig durch die Umstrukturierung des alten Arsenals Auftrieb erfahren soll. Eine solche *sublagunare* würde etwa 250 Millionen Euro kosten, und der Stadt bliebe zudem der gefährliche *moto ondoso* erspart. Noch mehr Touristen auf dem Markusplatz? »Die U-Bahn würde denjenigen zugute kommen, die hier arbeiten wollen und Venedig seinen Platz in der wirtschaftlichen Entwicklung des Nordostens sichern. Wer die Stadt in Ruhe ansehen will, fährt mit dem Boot.« Für die vierzehn Millionen Besucher bleiben die Gondeln weiter bestehen, nur wer in Venedig arbeitet, soll in Zukunft auch die schnellen Verkehrsmittel nutzen können. Aber vielleicht ist die Region Venetien gar nicht an einer konkurrenzfähigen Stadt interessiert, und für ihn ist klar, daß die Stadt weder von der Regierung in Rom noch von der regionalen Verwaltung besonders gut behandelt wird.

Und dann, sagt Roberto D'Agostino, als er wieder einmal auf die vielen Menschen am Rialto und den gleißenden Kanal unter seinem Fenster schaut, liefert die Stadt den wirklich interessierten Touristen ein minimales Angebot. Natürlich kann man die Menge sehen und sagen, wie furchtbar Massentourismus ist; oder man kann Individuen wahrnehmen und wird feststellen, daß sehr vielen Besuchern das Schicksal

Venedigs am Herzen liegt. Viele kommen regelmäßig etwa zur Kunst- oder Architektur-Biennale hierher. Ein ungeheures Potential, das bislang niemand wirklich beachtet hat. Er habe zwar noch keine Idee, aber vielleicht gäbe es eine Möglichkeit, diese Besucher, die Venedig lieben, in eine sinnvolle Entwicklung mit einzubeziehen.

Als wir später zum Rialto gehen, ist es, als hätte man unversehens den Blick in die Höhe entdeckt. Waren die Baukräne, höher als die berühmten Kirchen, eigentlich schon vorher da? Oder hat man sie, ohne die Vision von Roberto D'Agostino und seine erklärenden Worte, nur nicht bemerkt? Vom zweiten Stockwerk des *Ca' Farsetti* aus hat man sie unablässig und ziemlich gut im Blick.

Wie erlebt er selbst diese besondere Realität? »Ich stamme nicht aus Venedig, was vielleicht ein Vorteil ist. Venedig ist für mich der Ort, für den ich mich entschieden habe und dem ich meine professionelle Energie widme. Venedig ist eine einmalige Gelegenheit, es befindet sich in einer Phase des Übergangs: Wird es weiterhin von seinen Ressourcen leben oder eine konkurrenzfähige, europäische Stadt werden? Insgesamt bin ich optimistisch. Aber die Venezianer haben kaum ein Gefühl für das, was hier geschieht und was die Stadt braucht – was ihr eine wirkliche Zukunft garantiert. Vielleicht spürt man das in oder außerhalb Italiens mehr als in Venedig selbst. Für die Venezianer ist es immer noch eine Stadt, wo man vor allem gegen das Hochwasser kämpft und vom Tourismus lebt. Venedig befindet sich an einem Scheideweg. Es könnte neue Entscheidungen treffen und auf kohärente Weise mit anderen europäischen Städten konkurrieren. Das hieße auch, sein Parasiten-Dasein aufzugeben, sich neue Ressourcen für die Zukunft zu schaffen und nicht mehr nur vom Erbe der Vergangenheit zu leben. Es könnte sich endlich daran machen, eigene Ressourcen zu produzieren und zu reproduzieren. Mit den vorhandenen Ressourcen kann Venedig noch ein paar Jahrhunderte lang weitermachen – das heißt verbrauchen und wegwerfen. Und alle sind glücklich und zufrieden, weil es die Touristen gibt und man hier gut lebt. Die andere Möglichkeit hieße, Venedig entschließt sich, eine internationale Stadt zu werden, und das nicht, weil hier internationaler Tourismus herkommt, sondern weil die Stadt selbst einen neuen Dialog mit der Außenwelt herstellt.« Roberto D'Agostino hat viele Menschen in seine Projekte eingebunden, und von seinem Büro aus wird ein unermüdlicher Motor in Gang gesetzt. Meist ist er selbst die antreibende Kraft, bis die Begeisterung überspringt.

Und irgendwann klingelt doch wieder sein Handy, weil es um die Brücke von Cavaltrava geht, die außerhalb Venedigs gebaut und dann hierher transportiert wird. Er wird sich darum kümmern, sagt er, und man merkt, daß die strategische Planungsbehörde ein harter Job und eigentlich das einzig richtige für ihn ist:

eben der übergeordnete Blick auf die Stadt. Die unzusammenhängenden und recht verwahrlosten Mosaiksteine Venedigs hat Roberto D'Agostino in seiner Politik zu einem neuen, zukunftsweisenden Gesicht zusammengeführt. Handeln für das Gemeinwohl und eine sichere Zukunft: Waren dafür nicht die alte Republik der *Serenissima* und ihre klugen Politiker berühmt?

# Venedig erwacht

## Mit dem Transportboot unterwegs

In der Nähe des Bahnhofs fängt der Tagesanbruch in Venedig mit dem Schrei einer kleinen Möwe an. Am Rio delle Burachielle, gleich hinter Santa Lucia, gleiten vorsichtig und langsam die ersten Boote herein. Es ist kalt und dunkel, und die Boote tragen schwer an ihrer Last. Kommen sie aus dem Bauch einer verborgenen Welt? Im dunklen Grau der Morgendämmerung sieht man das sanfte rote Licht einer kleinen Lampe am Bug der *topa*, dem Alltagsboot, ein paar fröstelnde Gestalten stehen im gefütterten Anorak an Bord. Manchmal, wenn die Boote aus dem Licht gleiten, lösen sich ihre Umrisse im Wasser auf. Vielleicht wissen die Boote und ihre Führer in der frühen Kälte noch nicht, ob sie Gestalten der Dunkelheit oder schon Boten des neuen Tages sind.

An der Ponte della Libertà, der einzigen Verbindung zum Festland, wird Venedig zu einem ziemlich ungemütlichen Ort. Die Stadt aller Träume besteht nur noch aus Kälte und Wind, der eisig und schmerzhaft über die Brücke zwischen Santa Lucia und der Insel Tronchetto weht. Der Tronchetto, gleich hinter dem Bahnhof, ist Park- und Umladeplatz der Stadt: ein riesiges, zementiertes Areal, das in Venedig ein Synonym für Häßlichkeit und Fehlplanung ist. Alles, was die Stadt braucht, vom Baumaterial bis zu den Gebrauchsgütern, wird über die Brücke zwischen Mestre und Venedig transportiert.

»Sie wollen zu Luigi Vianello?« fragt der Mann an der Schranke und lacht. Sein ausgebreiteter Arm weist auf das undurchdringliche Geschrei, ein Chaos aus Menschen, Booten, Ladekränen und Lastwagen. Es ist sechs Uhr morgens. »Der ist hier irgendwo in dem Chaos versteckt. Vielleicht haben Sie da hinten, bei den Zementsäcken, Glück.« In seinem Glashaus, in Wollmütze und blauem Kittel, scheint der Wächter trotz des Geschreis ausgesprochen zufrieden zu sein. Spiegelt das Chaos auf dem Tronchetto vielleicht doch die wahre Ordnung der Welt? Hat man sich in Venedig nur früher als andernorts mit dem Unvermeidlichen, mit dem Konflikt von Plan und Realität arrangiert?

Riesige Ladekräne versperren den Blick, hier gewinnt, wer am lautesten schreit und mit seinem Boot am nächsten bei den Lastwagen liegt. Spätestens beim Anblick dieser Transportmittel wird klar, daß Venedig ein Zwitterwesen zwischen Land und Wasser ist. Vierhundert Boote, die meisten vom Typ *topa*, *caorlina* und *sandalo*, sind in mehreren Reihen am Ufer angeleint, ein paar schon Richtung Stadt unterwegs.

Jeden Morgen steht Luigi Vianello um vier Uhr auf, und dafür ist er für den Rest des Tages ausgesprochen gut gelaunt. Wegen seiner Frau war er von Venedig nach Chioggia gezogen, er schwärmt, wie schön und ruhig es dort in der Lagune ist. Jetzt verhandelt er mit einem der Lieferanten, der wegen des Nebels bei Padua zu spät mit der Ladung Mayonnaise kam. In das wärmende Auto gebeugt, unterschreibt er Papiere und Empfangsbescheinigungen. Cristian, der Pilot, und Gianluca, der Botenjunge, legen ab, als Vianello als letzter auf das Deck des Bootes springt. Setzen Sie sich hier drauf, in den Kisten ist Zucker, sagt Vianello. Wie heißt das Boot? »Michele«, das andere »Roberta«, weil man Boote immer nach den Kindern nennt. »Papa Toni«, nach seinem Vater, ist heute im Seitenkanal von Santa Croce zurückgeblieben.

Plötzlich sind wir froh, dem Chaos entkommen zu sein. Auf dem Wasser, früh am Morgen, stellt sich ein beschämend kitschiges Gefühl von unendlicher Freiheit ein. »Sie scheinen sich hier ja äußerst wohlzufühlen«, sagt Cristian, »warum bleiben Sie nicht hier?« Luigi Vianello, der Chef, steht am Bug. Er ist

Sprecher der Berufsgruppe und hat sich häufig mit den Behörden angelegt: Die Gebühren für die Bootsanlegeplätze haben sich in diesem Jahr verdreifacht – eine Rechnung, die am Ende der Kunde zahlt –, am Tronchetto fehlt jegliche Infrastruktur. Noch nicht einmal eine Bar, in der man sich morgens um sechs bei einem Kaffee aufwärmen kann. Bei Wind und Wetter ist er mit seiner schweren Ladung unterwegs, ein harter Job. Vor kurzem gab es den ersten Plan, ein zentrales System zu erarbeiten, bei dem jedes Boot nur eine bestimmte Route fährt. Normalerweise fahren ein paar hundert Boote alle sechs Stadtviertel, den Lido und die Inseln an. Sinnvoller wäre es, die Routen der Boote nach Stadtvierteln einzuteilen. Das würde den Transportunternehmen Zeit und der Stadt vor allem den gefährlichen *moto ondoso* von Hunderten von Booten ersparen. Die meisten Leute können sich das gar nicht vorstellen, sagt Vianello: Alle Gebrauchsgüter werden in einem unendlich komplizierten System in drei Etappen zu ihrem Bestimmungsort transportiert: mit dem Lastwagen zum Tronchetto, von da per Transportboot in die Stadt und schließlich mit dem Handkarren zum Empfänger. Auch der Hausmüll von Venedig wird nach diesem System wieder aus der Stadt transportiert. Manche hohen Preise, meint Vianello, erklären sich auch so. »Heute ist schlechtes Wetter, aber jeden Morgen, wenn ich hier vorbeifahre, geht die Sonne über der Salute-Kirche auf.

Können Sie sich vorstellen, was für ein wunderbares Gefühl das ist? Warum ziehen Sie eigentlich nicht hierher? Schließlich ist es doch die einzige Stadt auf der Welt, in der man leben kann.« Ein Venezianer hat gesprochen. Die Klagen und das Chaos von heute morgen gehören einem anderen Leben an. Wir beschließen, die angenehmen Seiten des venezianischen Alltags zu sehen.

Langsam fahren wir ins Innere der Lagune, und allein bei der Fahrt ist es, als würde mit uns allen etwas Wunderbares geschehen. Wir halten an. Eine Tankstelle. Hundert Liter verschluckt das Boot. Schon wieder ein Geheimnis. Aber logischerweise muß es in Venedig auch Tankstellen geben. Vom Wasser aus sieht man sie kaum.

Riesige Öltanker, Schiffe und Werften liegen am Rand der Wasserstraße, die direkt in den Canale della Giudecca führt. Es genügt ein einziger Blick: Tanker, Werften und Passagierschiffe sind zu groß für die Stadt. Es ist, als würden sie Venedig und seine fragilen Bauten erdrücken und trieben es mitsamt ihrem hölzernen Fundament in den dunklen Grund der Lagune zurück. Die Errungenschaften der Neuzeit sind zu mächtig für die grazilen Paläste mit ihren schwankenden Böden, für Balkone und Fensterverzierungen aus weißem, zerbrechlichem istrischem Stein. Noch liegt die bedrohte Stadt weit entfernt. So, als bilde es mit seiner proletarischen Kraft einen Gürtel vor der Gewalt der Neuen Zeit, taucht plötzlich das *Mulino Stucky*, die alte Getreidemühle, auf der Giudecca auf. Gleich daneben, auf der Insel Sacca Fisola, wurde noch bis vor kurzem der gesamte Müll Venedigs verbrannt. Inzwischen ist die Anlage jedoch stillgelegt. Die mehrstöckigen Wohnhäuser, Sozialwohnungen aus den fünfziger Jahren mit Aluminiumfenstern und schmutzigen Fassaden, sind von ergreifender Häßlichkeit.

Leise fängt es zu regnen an. Gleich darauf schneit es, und Gianluca singt ein Weihnachtslied. »Wie lang brauchst du eigentlich noch«, schimpft Vianello, »du hast noch nicht einmal die Bestellscheine sortiert.« Flink wie ein Kobold, *veneziano.doc*, springt Gianluca einen Meter über dem Wasser ans Ufer und wieder zurück, weil er den Quittungsblock vergessen hat, und Cristian legt noch nicht einmal an. Vielleicht wurde allen Venezianern die Beherrschung des gewagten Spagats zwischen Wasser und Land in die Wiege gelegt. Mit einem Armvoll flacher Kartons sprintet Gianluca los. Was ist da drin? Brioches und Gebäck für die kleine Bar auf Sacca Fisola. Gianluca spurtet zurück. Wir fahren die Giudecca an. Fünf Stundenkilometer darf ein Boot maximal auf dem Canal Grande und den Seitenkanälen fahren. Für Wassertaxis, die *motoscafi*, sind sieben Stundenkilometer erlaubt, das *vaporetto*, das öffentliche Linienboot, fährt mit seinen elf Kilometern fast schon wie auf der Autobahn. Inzwischen wird die Geschwindigkeit kontrolliert, weil der erhöhte Wellengang für die Stadt lebensgefährlich ist. Ein paar tausend Motorboote verkehren jeden Tag allein auf dem Canal Grande, und manche davon haben 200 PS. – Können Sie sich vorstellen, daß ein Boot mit 200 PS, wenn niemand hinsieht, sieben Stundenkilometer fährt?

Mindestens zwanzig andere Motorboote fahren im Canale della Giudecca hinter uns her. Vianello grüßt, ruft und hupt. Er habe inzwischen fast nur feste Kunden, sagt Vianello, und meistens weiß er zwei Tage vorher, was er liefern wird.

Im Bauch des Bootes und auf seiner flachen Ladefläche sieht es nach einer ziemlich abenteuerlichen Mischung aus. Ein paar Doppelzentner Tischwäsche, dreißig Riesenkübel mit Mayonnaise, von weiten sehen sie wie weiße Farbe aus, vier Doppelzentner Zucker, im vorderen Teil des Bauches Ölkanister und Tomatenkonserven, eben alles, was das Restaurant San Trovaso so braucht. Bei manchen gibt es Pauschalgebote, die Bar auf Sacca Fisola zahlt monatlich eine bestimmte Summe, und Vianello liefert jeden Tag frische Brioches dorthin. Ein Doppelzentner Tischdecken und Servietten aus der Wäscherei vom Festland, wie er ihn heute im Bauch des Bootes gelagert hat, kostet neunzig Euro. Eigentlich könnten er und seine Angestellten sogar ziemlich gut davon leben. Wenn nicht ... ja wenn nicht die hohen Preise für den Anlegeplatz und die Steuern und überhaupt dieses ganze Chaos auf dem Tronchetto wäre. Neuen

Projekten gegenüber ist Vianello aufgeschlossen: Mit einem logistischen Zentrum, der Lösung des Problems, würden zwar weniger Transportunternehmer über das Wasser fahren, aber durch die Arbeit an Land keine Arbeitsplätze verloren gehen.

Wir fahren unter der Brücke am Rio Piccolo in den Kanal ein. Die Brücke ist fragil und erschreckend niedrig. Das Boot paßt vielleicht, die Menschen auf keinen Fall hier durch. »Lassen Sie bloß Ihren Kopf unten«, sagt Vianello, »am besten auf den Knien, und bewegen Sie sich nicht.« Irgendwie bleibt das sehr konkrete Gefühl, daß ein Kopf beim Zusammenstoß mit einer wenn auch ästhetisch perfekten venezianischen Brücke ziemlich zerbrechlich ist. »Kopf nach unten, Brücke«, kommt auf dieser Fahrt noch ziemlich häufig vor.

Wo ist eigentlich Gianluca? Der ist schon mit den Paketen unterwegs und klettert, während wir noch mit eingezogenem Kopf unter der Brücke sind, bereits am Geländer hoch. Was wird Gianluca das nächste Mal tun, um der schnellste zu sein? Bei Kobolden aus Venedig weiß man nie so genau.

Wie Gianluca springen alle Botenjungen der *trasportatori* den ganzen Tag mit ihren vollbeladenen Handkarren durch die Stadt. Karren laden, Mütze auf, los. An die verständnislosen Touristen – die Ärmsten – hat er sich gewöhnt. Die wissen ja nicht, daß es ohne Gianlucas Sprünge in der Stadt nichts, aber auch gar nichts zu essen gibt. »Und daß du ja nicht den Termin heute nachmittag vergißt«, mahnt Vianello. Heute nachmittag heißt um elf, weil Vianello, Cristian und Gianluca schließlich schon um vier Uhr aufgestanden sind.

Wir fahren Richtung Venedig. Von dem Transportboot aus gesehen schiebt sich die Alltagswelt wie ein lebendiges Gesicht vor die Fassaden der Stadt. Von Dekadenz keine Spur. Ist »Michele« nicht das schönste Boot der Welt?

»Wir sind die eigentlichen *padroncini* der Stadt«, erklärt Vianello. *Padroncini*, kleine Herren, sagt er, als wüßte er, daß der Herr von Venedig natürlich jemand anders ist. »Wir haben nur ein einziges Mal vor zehn Jahren gestreikt, und spätestens da wurde klar, daß wir Transportunternehmer allein die Stadt am Leben erhalten. Zwei Tage lang gab es weder Milch noch Brot in ganz Venedig, und am Ende haben wir alle unsere Forderungen durchgesetzt.« Manchmal ärgern ihn die Privilegien der Gondolieri, aber die gehören mit ihrem uralten schwarzen Gefährt einfach zum Image der Stadt, auch wenn die meisten gar nicht mehr aus Venedig sind. Sein Vater war Fischer auf Pellestrina, der langgestreckten Insel, die auf der dem Meer zugewandten Seite der Lagune liegt. Vianello blickt in Richtung von Kindheit und Meer, und auch wenn wir uns gerade nicht vorstellen können, daß irgendwann wieder die Sonne scheint, hätte er keinen Beruf ohne Wasser und Boot ausüben können. Was für eine demokratische Stadt: Schönheit wird geteilt. Vielleicht hat er deshalb heute morgen, bevor es zu regnen begann, eine kleine rote Samtdecke auf die blaulackierte Ladefläche von »Papà Toni« gelegt. Es ist klar, daß sein Sohn Michele, gerade achtzehn, sobald wie möglich mitarbeiten und dann das kleine Unternehmen mit »Michele«, »Roberta« und »Papà Toni« übernehmen wird.

Kraftvoll schwappt das graugrüne Wasser der Lagune an den Bootsseiten entlang, während Cristian das Boot Richtung Zattere steuert. Seit fast zwanzig Jahren ist der Bootsverkehr recht gut durch Einbahnstraßen geregelt. »Haben Sie schon einmal gemerkt, daß es am Canal Grande sogar zwei Ampeln gibt?« Bei der Salute-Kirche kommt uns eine Gondel entgegen. Geschickt weicht Cristian auf der linken Seite aus. Für die Boote gilt zwar Rechtsverkehr, aber das ist keine feste Regel. »Wenn einem in einem engen Kanal Motorboote entgegenkommen, hält man sich rechts; kommt eine Gondel entgegen, hält man sich links, weil die Gondeln ihr Ruder auf der rechten Seite haben. So können sie geradeaus an anderen Booten vorbeifahren. Das einzige Boot, das in Venedig immer Vorfahrt hat, ist das *vaporetto*, das öffentliche Verkehrsmittel der Stadt.« Trotzdem braucht man manchmal eine halbe Stunde, um ein, zwei Kilometer zurückzulegen. Aber in einer Stadt im Wasser muß man ja nicht leben wie in anderen Städten. Vor der Trattoria San Trovaso halten wir an, und Vianello erklärt, welche internationale Berühmtheit in welcher Kirche geheiratet hat. »Wäre das nicht ein Stadtviertel für Sie?« Wir gehen in die nächste Bar. *Buon giorno, signora.* Der Kaffee ist exzellent. Wenn Vianello die *barista* siezt, heißt es, daß er scherzt und hier Stammkunde ist. Die Männer, Vianellos Leute und die aus dem Restaurant, arbeiten hart, die Stimmung ist bestens. Vielleicht ist es inzwischen das wahre Privileg, daß man in Venedig arbeiten darf?

Und warum hat Gianluca sich eigentlich diesen Beruf ausgewählt? »Es ist dieses Gefühl von Freiheit auf dem Wasser, ich kann anhalten, schauen, laufen, und weil wir uns innerhalb dieser Berufsgruppe ziemlich gut verstehen. Ein Gondoliere kommt zwar leicht auf das Doppelte, ein *motoscafista* auf das Dreifache, aber die haben ausschließlich mit Touristen zu tun. Wir sind so etwas wie die Eingeweide der Stadt. Von Cristian, der das ziemlich cool macht, lerne ich Bootsfahren, und mit achtzehn mache ich selbst den Führerschein.«

Inzwischen hagelt es. Galant reicht mir Gianluca einen Regenschirm. Wie lächerlich. Aber nein, nehmen Sie. Und plötzlich sehen alle Transportbootfahrer mit ihren blaugrünkarierten Schirmen wie unter chinesischen Baldachinen verborgen aus.

Wir nähern uns dem Rialto. »Bis zum Lido nehmen wir Sie heute nicht mit, da müssen noch die dreißig Kübel Mayonnaise hin. Bei dem Hagel halten Sie das in der offenen Lagune nicht durch. Aber mal sehen, ob wir am Rialto einen Anlegeplatz finden. Bis zwölf sind die Müllboote unterwegs, da wird es mit dem Anlegen in der ersten Reihe schwierig. Ich kann ja übers Wasser springen, aber wie kommen Sie hier 'raus?« Wir haben Glück und finden einen Platz. In der zweiten Reihe ist etwas frei, Gianluca schreit, Cristian legt an. Kurz bevor sich die Zuckerkisten im Regen auflösen, laden wir sie für die Pizzeria am Rialto aus. Gianluca und Cristian hasten mit fast umkippenden Handwagen bei strömendem Regen an all ihren Freunden auf dem Fischmarkt vorbei. *Ciao, ciao, ciao.* Obendrauf wirft Gianluca noch den neuen Fernseher, wer hat den eigentlich bestellt, zum Glück hat Vianello den Wurf nicht gesehen. In der Pizzeria wartet die erste Kaffeepause, vielleicht wird es doch schon eine *ombra* sein, dazu der neueste venezianische Tratsch. Danach fährt Cristian mit ruhiger Sicherheit weiter, Gianluca klettert an Brücken hoch, wird vielleicht das nächste Mal, weil das noch schneller geht, durch ein offenes Fenster springen, hastet durch die Stadt, schleppt Pakete und sieht die Farben der Lagune, heute grau, morgen vielleicht grün und durchscheinend zart, bis über San Giorgio die Sonne untergeht.

»Ich kann leider nur venezianisch«, sagt Gianluca zum Abschied. »Verstehen Sie mich trotzdem?«

# Osterien, in denen man Schatten trinken kann

## Ein kulinarischer Spaziergang durch Venedig

Manchmal, wenn es schon kurz vor zwölf ist und der erste Schwung Gäste aussteht, streicht sich Marisa die Haare glatt und zieht eine frische weiße Schürze an. Um zwölf kommen die Maurer, die mit der Ausbesserung der nahen Uferfundamente beschäftigt sind, und für das feste Menü – heute Pasta mit Speck und Paprika und venezianische Leber – gibt es einen fixen, für venezianische Verhältnisse ungewöhnlich niedrigen Preis, der natürlich nur für die einheimischen Handwerker gilt. Es ist ein politischer Preis, was es erfreulicherweise sogar in Venedig noch gibt. Wenn die ersten der hungrigen, ziemlich wilden Bande ein *ciao Marisa* in die Küche rufen, wirft Marisa manchmal ein etwas unwirsches *sono stufa* – ich bin es leid – zurück, was ihr sowieso niemand glaubt. Denn die Maurer und Handwerker sind schuld, daß Marisa nie ausruhen kann. Natürlich hat jede Trattoria einen Ruhetag. Bei Marisa gibt es das nicht. – Was, Marisa hat zu? – Sofort waren Marisas Gäste, die Handwerker und Maurer von Cannaregio, zur Kommune gegangen und hatten eine Sondergenehmigung beantragt. Marisa kann nicht leben, ohne daß sie kocht, und ihre Freunde haben das zum Glück rechtzeitig gemerkt.

Von zehn Uhr morgens an, wenn Marisas Großfamilie mit der Vorbereitung, mit Brot holen, Petersilie rupfen und Tischdecken, beginnt, schauen die Leute aus dem Viertel vorbei: eine lebendige Nachrichtenagentur, die von Cannaregio bis Castello reicht. So erfährt Marisa auch, wer von den Alten in ihrem Viertel gerade krank ist und bringt später das Essen vorbei. Marisa, hast du ein altes Glas, fragt Sergio, der Gondoliere, mit dem ich das Wasser aus der Gondel schöpfen kann. Der Mailänder Medizinprofessor streckt die Nase herein, begrüßt Marisa, Tochter Wanda und Enkelin Rachele. – Wissen Sie eigentlich, daß Sie hier nicht in einer Trattoria, sondern in einem sozialen Zentrum gelandet sind? – Fast war es abzusehen. – Zwei Jahre, sagt der Professor, habe er um den »Abonnementplatz« in Marisas Küche gekämpft – was eigentlich nur mit der Ehrenloge in der Mailänder Scala vergleichbar ist. Dafür erzählt er heute bewundernde und anerkennende Geschichten über Marisa. Daß Marisa nicht nur mittags, sondern jeden Abend auf Vorbestellung die köstlichsten Menüs, Fischlasagne, gefüllte Muscheln und Fische, kocht. *Terra o acqua?* Erde oder Meer, fragt Marisa dann am Telefon – und der erste, der anruft, bestimmt, was es für alle anderen zu essen gibt. Bei Marisa geht es eben zutiefst demokratisch zu. Oder daß sich jeden Nachmittag um vier die alten Damen des Viertels bei Marisa zum Kaffee treffen, zum Beispiel. Nach dem Professor kommt der Arbeiter von der Werft Fincantieri, und an Marisas Küchentisch wird heftig über die mobilen Schleusen und die neueste Rathauspolitik diskutiert.

Marisa zeigt ein Familienfoto: drei Generationen von Frauen, die aus den Resten der Tiere, aus den Innereien, Kutteln, Sehnen, Milz, Leber, direkt aus dem Schlachthaus, unglaubliche Köstlichkeiten zubereiteten. Jolanda hieß ihre Mutter, und von ihr hat sie das Rezept für den *brodo*, die Brühe, gelernt. Marisas *brodo* war in der ganzen Stadt berühmt, bis BSE den Suppen aus Kehle und Rückenmark ein Ende bereitet hat. Aber manchmal gibt es auch heute noch eine entfernte Version davon.

Über drei Generationen waren alle Männer in Marisas Familie ausschließlich Metzger – auch das ist eine venezianische Dynastie. Marisa fallen alte Rezepte ein, das *sguazzetto* zum Beispiel, angemachte Rinderinnereien, die es heute nur noch selten als Vorspeise in den Osterien gibt. Auch die Abnehmer sind begrenzt. Nur die echten Venezianer – und alte

Leute – essen es noch. Während Marisa Geschichten aus dem Schlachthaus erzählt, setzt ihre Tochter Wanda den *sugo* mit Speck, Öl und Paprika an.

Marisas Sohn, ebenfalls Metzger, muß zur Arbeit auf das Festland fahren. Das alte *macello* hat die Stadt versorgt, als sie in den fünfziger Jahren noch hunderttausend Einwohner hatte. Heute gehört das ehemalige Schlachthaus zu Ca' Foscari, der Universität, und steht – reiner Jugendstil – unter Denkmalschutz. Früher, erzählt Marisa, und es ist, als hätte die Erinnerung daran natürlich in ihrer Küche überlebt, hat man ganze Rinderherden per Schiff aus Dalmatien nach Venedig transportiert. Vor der Schlachtung, und es klingt, als gehöre es zum Leben dazu, haben sich die Tiere einen Tag lang auf den Weiden des Lido ausgeruht.

Marisa schneidet die Leber in fünf Zentimeter große Stücke, bevor sie sie in die Pfanne mit den weißen, gedünsteten Zwiebeln gibt. Ein blankgeputzter Küchentisch, riesige Fleischstücke, Marisas Hände: In Marisas Küche hat man das Gefühl, daß Kochen, andere Menschen mit Essen zu versorgen, eine der wesentlichsten und kontinuierlichsten Beschäftigungen der Menschheit ist.

Man muß die Zwiebeln erst in Wasser dünsten, sagt sie, erst später kommt ein Stück Butter, dann die Leber, nur zwei, drei Minuten, und ein Schuß Marsala dazu. Wer, wenn nicht Marisa, würde solche Tips für den *fegato alla veneziana* erzählen.

Um halb eins schaut wieder der Mailänder Professor herein, setzt sich an den gedeckten Küchentisch. Zum Glück ist er jeden Samstag hier und erzählt zu guter Letzt noch eine Geschichte, die Marisa und auch sonst niemand ihrer Familie je preisgeben würde: vom Sonntag der *Regata storica* nämlich, dem venezianischsten aller Feste, wenn die Boote von der Lagune zur Ponte delle Guglie fahren. Dann halten die Boote, gesteuert von lauter angesehenen, muskelbepackten Ruderern, die nicht selten mit olympischen Ehren ausgezeichnet sind, vor der unscheinbaren Tür in Cannaregio an, erheben die Ruder und rammen sie auf den Boden der Boote: *alla Marisa.* – Das müssen Sie sich so wie einen Offiziersgruß vorstellen, eine Art allerhöchster Ehrbezeugung, erklärt der Professor, und es ist beeindruckend, wenn *alla Marisa* durch ganz Cannaregio hallt. *Für Marisa* – die höchste Ehrbezeigung gegenüber einer Frau, die einfach richtig gut kochen kann.

Marisa ist unter Handwerkern, Schauspielern und Politikern bekannt, und manchmal kommt auch der Bürgermeister vorbei.

Natürlich blieb auch Marisas Erwähnung in Reiseführern nicht aus, ein normales Schicksal in Venedig, wo es keinen ultimativen Geheimtip mehr gibt. Der Unterschied ist nur – Marisa bleibt davon völlig ungerührt. – Wie angenehm, daß das Lokal seinen Stil bewahrt hat, sagen wir. – Was für einen Stil denn, fragt Marisa etwas unwirsch und ziemlich erstaunt, als sie gerade zum Wandschrank geht, sich die Haare glatt streicht und eine neue Schürze holt.

Szenenwechsel: Zwei Dinge hatte Barbara De Mattia gleich am Anfang klargestellt: Alle Gäste sind gleich, und hier wird einfache, venezianische Küche gekocht. Dann hat sie im *Quattro Ferri* in der Calle Lunga San Barnabà die Küche geweißelt, aus Bassano alte Strohstühle geholt und von einem befreundeten Schreiner einfache Holztische zimmern lassen: Am Ende hat sie zusätzlich noch einen extra langen Holztisch bestellt. Während sie selbst noch in der Küche beschäftigt ist, sieht sie manchmal, wie die Gäste, Venezianer und Touristen, sogar gemeinsam den Holztisch verlassen und zu Kaffee und Grappino gleich in die nächste Bar gehen. Zwei Liebesgeschichten, die genau an diesem Tisch entstanden, hat sie selbst aus dem Augenwinkel verfolgt, und zu jedem Jahrestag kommen die glücklichen Paare hierher. Warum hat sie ein Lokal aufgemacht? Weil sie selbst gern kocht und den Kontakt zwischen den Menschen herstellen möchte. Deshalb hat sie auch den langen Holztisch hierhergestellt. Privacy wird in ihrem Lokal nicht gewahrt, von einem Tisch aus bestellt man häufig gemeinsam. Als der Prozeß gegen Adriano Sofri, Dissident und Schriftsteller, in Venedig stattfand, kam er mittags und abends hierher, hat in seinen politischen Kolumnen gleich lobend das Lokal, in dem sie entstanden waren, erwähnt und am Ende das Risotto gemeinsam mit Schriftsteller Antonio Tabucchi gerührt. Barbara merkt es nur an, damit klar wird, daß wer berühmt ist, zum Ausgleich gleich in der Küche bei den niederen Diensten mithelfen kann. Der familiäre Ton gehört zur Lebensart und ist kein Geschäft. »Der Tellerwäscher meines Vertrauens«, sagt Barbara, als sie Daniele vorstellt. Und es ist klar, daß in ihrem Lokal vieles auf Vertrauensbasis geschieht. Manchmal bringt Barbara ihren Gästen auch ein bißchen Lebensart bei: daß es zu *scampi* keinen Parmesan und für berühmte Leute eben keinerlei Sonderbehandlung gibt. Über die unterschiedlichen Mentalitäten ihrer Gäste aus aller Welt hat sich Barbaras Team schon oft Gedanken gemacht. Die Deutschen nehmen gerne etwas an, sagt sie, man muß es ihnen nur erklären, während es mit den Franzosen schon etwas schwieriger ist.

Auf den Tischen stehen noch die kleinen, typischen venezianischen Weingläser, im Original fassen sie 10 Deziliter, aus denen man die *ombra* trinkt. Schatten: was für ein merkwürdiger Name für ein Glas Wein! In allen Reiseführern wird zitiert, daß die Aperitifrunde *giro d'ombra* heißt. Warum? Zum Glück gibt es Barbara, die die Lösung des Geheimnisses kennt: »Der Name *ombra* ist entstanden, weil der Wein früher im Schatten des Campanile von San Marco ausgeschenkt wurde. *Ombra* wurde dann identisch mit dem Glas Wein, das man dort – im Schatten des Turms – trank. Die Alten erzählen es noch. Aber ich weiß nicht, ob es eine Legende ist oder einmal Realität war.« Aber Barbara De Mattia ist eine tatkräftige Frau und kennt nur die Realität. Als wir vor dem gut vorbereiteten großen Ansturm in der kleinen Küche des *Quattro Ferri* sitzen, fallen ihr und Köchin Babina vor allem Kindheitserinnerungen ein. Babina ist auf der Fischerinsel Pellestrina geboren, und jedesmal, wenn sie an ihre Kindheit denkt, bereitet sie die *sarde in saor* ihrer Mutter zu: gebratene Sardinen mit Zwiebeln, Essig, Rosinen und Pinienkernen. Die in Essig eingelegten Fische haben auch weite Reisen über das Meer unbeschadet überlebt und sind eine typisch venezianische Köstlichkeit. Genauso wie eingelegte Heringe, die Babina im *Quattro Ferri* mit Polenta serviert. Früher waren Sardinen Hauptbestandteil der Arme-Leute-Küche. Sonst haben die Fischer damit die Katzen gefüttert. Fische und Rosinen – ein bißchen vermischt sich hier die Lagune mit den Gerüchen des Orients. Ihre Familie habe sie heute geradezu sträflich verwöhnt, erzählt Babina, und zu Hause wieder einmal Perlhuhn in Granatapfelsauce gekocht. Das noch zum Thema Orient und Verwöhnen, sagt Babina, und wendet sich wieder den Sardinen zu.

Barbara, Babina und Betty, die an den Tischen bedient, nennen sich abwechselnd Tante – *zia* – und das heißt, daß hier alle zusammengehören. – Sag' *zia* Betty, daß sie eine Hexe ist. – Aus Barbaras Mund ist das natürlich als Kompliment gemeint.

Betty ist gerade umgezogen und hat die alten

Kochbücher noch nicht ausgepackt. Die traditionellen und – leider – arbeitsaufwendigsten Gerichte sind die, die früher die Seefahrer auf dem Meer aßen: der *baccalà mantecato*, eine milchig gerührte Creme aus getrocknetem Stockfisch und Olivenöl, den es heute zum Aperitif auf kleinen Scheiben Brot oder als richtige Vorspeise im *Quattro Ferri* gibt. Was wohl die alten Dogen aßen? Eines bestimmt, die *castradina*, die es jedes Jahr nur einmal, zum Fest der *Madonna della Salute* am 21. November, gibt. Das Ochsenfleisch wird mit vielen Gewürzen gespickt bis es, mit fast schwarzer Haut, Mitte November an der Tür aller Metzgereien hängt. Wenn man das abgehangene Fleisch siedet und zubereitet, herrscht tagelang ein nahezu unerträglicher Gestank. Betty schüttelt sich, wenn sie an die schwarze Farbe und die langwierige Zubereitung denkt. Dreimal muß man die Brühe abgießen, die Fettschicht entfernen, bevor man die venezianische Winterköstlichkeit genießen kann. Fisch, Gemüse und Reis waren auch in der Vergangenheit Venedigs die Hauptnahrungsmittel, selbst unter den wohlhabenden Familien. Nach außen ging es prachtvoll, und hinter den Kulissen ziemlich einfach und frugal zu: Gemüse von den Inseln, die Fische aus der Lagune, den leichten Malvasia-Wein dazu. Im Mittelalter, erzählt Betty, war Reis so wertvoll, daß man die Körner einzeln abzählte.

Mit einer schwarzen Schürze rennt Barbara zwischen Küche und Lokal hin und her. Barbara ist auf der Giudecca geboren, und man merkt ihr an, daß das früher etwas anderes als heute war: eine Arbeiterinsel, mit der Mühle, den Schiffswerften und den Fabriken, die Venedig am Leben erhielten und schließlich den vielen Arbeitern, die nach der veränderten wirtschaftlichen Entwicklung, als man nur noch auf Tourismus setzte, arbeitslos wurden.

Und was gibt es heute abend? Spaghetti mit Artischocken und *scampi*. Öl, Knoblauch, Petersilie, Artischocken, natürlich von Sant'Erasmo, der Gemüseinsel, am Ende der Fisch. Und wie schafft man es, daß die Sauce ohne weiteren Zusatz so cremig wird? – Du mußt am Ende etwas heißes Nudelwasser zu dem Gemüse geben, Öl und heißes Wasser ergibt das richtige Gemisch.

Ein paar Menschen gibt es in Venedig, denen Barbaras Anerkennung gilt. Wenn jemand durch Kochen sein Leben neu erfindet, natürlich, oder auch Andrea aus dem *Bancogiro*, der eine Schanklizenz aus dem 11. Jahrhundert für das älteste *Bacarò* gefunden und erneuert hat. Barbara erzählt es so, als habe Andrea so lange auf irgendeinem verstaubten Speicher herumgewühlt hat, bis er sogar den Plan des alten Lokals gefunden und den letzten Zentimeter des wertvollen venezianischen Papiers unter Einsatz seines Lebens den Pfoten einer wißbegierigen Ratte entrissen habe.

Genau zwischen Rialto und dem Gerichtsgebäude, unter den Portici der *Fabbriche vecchie*, hat

Andrea das *Bancogiro* eröffnet, eine Oase in der kommerzialisierten Rialto-Welt. Wie hat er überhaupt am Canal Grande eine Erlaubnis für die Tische bekommen? Andrea lächelt müde und zufrieden, wie jemand, der gerade eine riesige Anstrengung bewältigt hat. Ob Andrea sich noch an eine traditionelle venezianische Küche erinnert? – »Ich erinnere mich an die glühendheißen Brennöfen auf Murano, und wenn das Glas gebrannt und der Ofen abgekühlt war, schob man zerteilten Aal auf einer Unmenge von Lorbeerblättern hinein – eine unwahrscheinliche Köstlichkeit, die zeigt, wie praktisch und sparsam man in Venedig war.«

Das *Bancogiro* – unverputzte Ziegelsteine, Holztische, ein Blick durchs runde Fenster auf den Kanal – ist so sehr ohne Schnörkel, daß es wie eine stimmige Fortsetzung, aber keine Imitation der Vergangenheit wirkt. Andrea denkt an die vielen Auflagen der Denkmalschutzbehörde – jeder Schritt war schwierig, und jetzt sind alle zufrieden damit. Natürlich hat man hier – mitten in der Stadt – keinen größeren Ofen oder Rauchabzug erlaubt. Langwierig gebratene Speisen gibt es nicht im *Bancogiro*. Bei ihm wird der Seebarsch, der morgens frisch auf dem Rialto-Markt gekauft wird, mit gedünstetem Salat und Orangenscheiben serviert. Oder man ißt gleich die *castraúre*, die berühmten venezianischen Artischocken – natürlich von Sant'Erasmo, die es bei ihm mit Parmesanspalten gibt. Andrea probiert ständig neue Rezepte aus – es ist ein wunderbares Spiel, sagt er, mit Gewürzen, orientalischen natürlich, aus Erinnerungen, Emotionen und frischen Zutaten, und die meisten seiner Gerichte hat er selbst kreiert.

Am letzten Tag unseres kulinarischen Streifzugs beschließen wir, Carlo aufzusuchen, der Barbaras Lehrmeister war. Carlo ist Barbaras Vorbild, nicht nur, was seine Kochkünste angeht. Inzwischen gilt er als einer der besten venezianischen Köche. Er ist ein Mensch, der sein Leben neu erfinden mußte, sagt Barbara anerkennend, und es klingt, als fing er damit erst bei sich und dann bei seinen wunderbaren Gerichten an.

Es ist Karneval in Venedig, eigentlich eine Unzeit, und durch das Fenster nah der Theke des berühmten *Mascaron* schauen die vorbeiziehenden Menschen wie in einem Zoo herein.

Es ist schwierig, sagt Carlo Senna, in der täglichen Routine die venezianischen Traditionen aufrechtzuerhalten, wenn überall die schnelle Küche und das Billigangebot erwartet wird.

Und wie merkwürdig – oder ob es an der Frage liegt –, wie alle Köche fängt er bei seinen Kindheitserinnerungen an. Auffallend häufig haben die venezianischen Köche wie Andrea und Carlo von ihren Müttern, die irgendwie anders beschäftigt waren, kochen gelernt. Kochen und das eigene Leben, haben sich auch in Carlos Geschichte zu einer ungewöhnlichen Mischung verquickt. Seine Mutter mußte arbeiten gehen, und so hat Carlo Senna schon als Junge die Familie versorgt. *Arrangiati*, sieh zu, wie du zurechtkommst, hatte ihm seine Mutter damals gesagt, und es war wie eine Einladung zum Gebrauch der eigenen Phantasie. Heute ist seine Mutter ein Pflegefall, aber es vergehen kaum ein paar Tage, daß er sie nicht im Altersheim besucht. Ich erzähle ihr von meinen Rezepten, sagt er, und verbringe heute mit ihr die Zeit, die es damals in meiner Kindheit, als ich zehn, elf Jahre alt war, für uns beide nicht gab. Kochen – auch ein Stück Kontinuität, die das eigene Leben erfüllt.

Und was ist die typische venezianische Küche für ihn? Es ist die Verbindung von Orient und Okzident, die Zutaten von Sultaninen, Nelken und Kakao. Die Handelsbeziehungen der alten Republik und ihre zahlreichen Handelsvertretungen gingen in die Rezepte der Lagune ein. Spinat, Auberginen und anderes haben Venedigs Handelspartner aus dem Orient in die Stadt gebracht. Im kosmopolitischen Venedig haben sich schon immer die Kulturen vermischt. Welches Risotto er denn am liebsten kocht? Eigentlich mit den beliebten Lagunenfischen, dem *go* auf venezianisch, für den es außerhalb der Lagune keine Entsprechung gibt. Es ist ein Fisch, der leicht zerfällt und mit Sellerie, Knoblauch, Zwiebeln und grünem Pfeffer eineinhalb Stunden zu einer Sauce zerkocht wird. Durchpassiert gart man darin den angerösteten Reis, zum Schluß kommt Petersilie dazu.

Das Gemüse von Sant'Erasmo schätzt Carlo, die wildwachsenden Kräuter von den Lagunenrändern, die er mit Öl, Knoblauch und *peperoncino* zubereitet. *Peperoncini*, Safran und Koriander und all die anderen Gewürze, die es heute noch in dem kleinen Laden hinter dem Rialto gibt, erinnern an ein Märchen aus dem Morgenland. 5000 Tonnen Spezereien im Jahr haben die Venezianer früher verbraucht. Weitab von den Touristenströmen sieht Carlo manchmal ein kleines Lokal, ein alter Mann schenkt für die wenigen Stammkunden noch Wein aus. Am liebsten würde er es retten, bevor sich Venedig noch weiter verändert. Doch er will Koch und nicht Pächter oder Betreiber sein. Carlo ist auf die Zubereitung von *dolci* spezialisiert, deren Namen phantastisch und wunderbar klingen und deren komplizierte Zubereitung eines engagierten Kochs würdig ist. Immerhin wurde in Venedig als erster Stadt Europas schon im 12. Jahrhundert Honig durch Zucker ersetzt.

Es ist später Nachmittag, als der zweite Koch zur Ablösung für die Abendschicht kommt und die unendlichen Besucherströme, maskiert und unmaskiert, am Fenster vorbeiziehen. Jeder, der im Venedig der Gegenwart einer normalen Beschäftigung nachgeht, muß der schwierigen Gratwanderung zwischen Erhalt der Traditionen und den Anforderungen des Touristenstroms gewachsen sein. Eine gehörige Portion persönlicher Integrität gehört auch dazu.

Marisa, Barbara, Andrea und Carlo gehören zu

denjenigen, die in Venedig kochen und damit sowohl eine ganz persönliche als auch eine venezianische Geschichte erzählen.

# Der Feuervogel von Venedig

**Die große Tradition der
venezianischen Musiktheater**

Ein mythischer Feuervogel erhebe sich zwar mit
mehr Leichtigkeit, sagt Alfredo Barutti, aber bei all
den zeitraubenden Verzögerungen habe er mehr als
einmal an den Mythos vom unsterblichen Phönix
gedacht. Dreimal schon in seiner zweihundertjäh-
rigen Geschichte ist das weltberühmte Opernhaus
Venedigs abgebrannt, zuletzt am 29. Januar 1996. Der
Abtransport von Schutt und verkohlten Holzbalken
über die engen Wasserstraßen dauerte Monate.
Danach haben die konkurrierenden Baufirmen ein
Jahr lang die Auftragsvergabe angefochten. Gebaut
wird nun nicht mehr nach dem Plan von Gae Aulenti,
sondern nach dem des mittlerweile verstorbenen
Aldo Rossi, beide orientiert am ursprünglichen Modell. Zu dessen Verwirklichung bedurfte es nun einer

Sondergenehmigung des Stadtrats, um teilweise ein angrenzendes Haus abzureißen. Und als das bewältigt war, stieß man auf archäologische Funde aus dem 12. Jahrhundert. Winzige Goldpartikel lagen unter dem Fundament, was Experten auf eine Goldschmiedewerkstatt aus der frühen Stadtgeschichte Venedigs schließen ließ.

In einer kleinen, versteckten Ecke am Campo Manin füllen die geschwungenen Buchstaben *lacador* die grünen Linien des ovalen Türschilds aus. Jeden Nachmittag sucht Alfredo Barutti mit seinem inzwischen leicht gebückten Schritt seine Werkstatt auf. Barutti gehört der seltenen Spezies der venezianischen Kunsthandwerker an. Sein Beruf heißt auf venezianisch *lacador*, Lackierer, oder *dorador*, Vergolder. Klingt das nicht wie *suonador*, Sänger? Denn mit diesen beiden Beschäftigungen, als Sänger im Chor von La Fenice, hat er dreißig Jahre seines Lebens verbracht.

Signor Barutti ist Augenzeuge: Ich frage ihn, wie das Fenice damals war, von innen, von seinem Arbeitsplatz, der Bühne, aus gesehen. »Für mich war es das schönste Theater der Welt, ein phantastischer Raum in Rot, Blau und Gold, den byzantinischen Farben der Stadt.« Gemeinsam schauen wir uns um: Sind das nicht die Farben, die man hier überall in seiner Werkstatt sieht?

Vergoldete Hocker gleich im Eingang, azurblaue Rahmen, Kristallspiegel, umhüllt aus purem Gold.

Hat Alfredo Barutti auch einen Teil des alten Fenice in seine Werkstatt geholt? Mit elf Jahren hat er sein Handwerk gelernt und heute vielleicht als einer der letzten Vergolder den schwierigen Übergang in ein neues Zeitalter geschafft. Inzwischen werden seine Spiegel und Rahmen nicht mehr für venezianische Paläste, sondern von amerikanischen Touristen bestellt.

Aber Herr Barutti ist nicht nur Zeitzeuge, sondern auch Händler und fragt, ob ich nicht einen Rahmen kaufen will. »Aber nein, ich möchte, daß Sie mir die Geschichte des Fenice erzählen.« Jeden Nachmittag treffen wir uns von da an in der kleinen Werkstatt am Campo Manin. Manchmal wird unser Gespräch durch Besucher aus dem Stadtviertel unterbrochen, und am Ende ist eine grellgeschminkte Immobilienmaklerin dabei, die am liebsten Barutti ausquartieren und den ganzen Palazzo aufkaufen und umbauen möchte. Alfredo Barutti ist nicht aus der Ruhe zu bringen. Er kennt das schon. Umgeben von Gold, Spiegeln und Stuck stellen wir uns vor, wir seien im Fenice, und Alfredo Barutti fängt bei seiner Erzählung mit der Vergangenheit des berühmten Theaters an.

La Fenice, der Phönix, war das Symbol Venedigs. Zusammen mit der Mailänder Scala und dem San Carlo in Neapel gehörte es zum berühmten Dreigestirn der italienischen Opernhäuser. Zum Glück wurde inzwischen das Teatro Malibran wiedereröffnet, das jahrelang ein Kino war. Barutti sucht nach einem Vergleich – das Malibran ist ein schönes Theater, aber La Fenice ist die Nobelversion davon.

Die Entstehung des Fenice 1792 reicht weit in die Geschichte Venedigs zurück. Erhalten ist der Beschluß des »Rats der Zehn« über die Errichtung eines neuen Theaters. Fünf Jahre, nachdem sich der Vorhang des Theaters hob, dankte der letzte Doge, Ludovico Manin, von der politischen Bühne ab. Für viele war es ein Akt der Resignation, in jedem Fall die Abdankung eines großen staatlichen Systems. Tausend Jahre lang hatte sich die Seerepublik bewährt. Jetzt übergab Ludovico Manin an Napoleon und der bald darauf die Macht an Österreich. Nun zog der österreichische Kaiser über den Markusplatz. Wie im Märchen, wo es einen geschützten Ort gibt, an dem man sagt, »es war einmal«, schien das Fenice für die Weiterführung des venezianischen Glanzes bestimmt. Nach der Basilika von San Marco und dem Dogenpalast war das Theater der dritte Ort in strahlendem Gold: In Venedig war es die Farbe der Macht, der Abglanz des byzantinischen Prunks, der das Bild und die Geschichte der Stadt so lange bestimmt hatte.

»Nach was riecht es hier eigentlich?« – Ein abscheulicher Geruch. Nach Leim, sagt Alfredo Barutti, hergestellt aus Hasenhaut, er habe die Mischung gerade angerührt. Damit kann man Gravierungen und Zeichnungen vor der Vergoldung fixieren, sagt Alfredo Barutti, und rückt den sorgfältig bearbeiteten Rahmen auf seinem Arbeitsplatz zurecht. Das Rezept dazu stammt aus dem 14. Jahrhundert. Natürlich mit kleinen Abweichungen, aber es gibt einfach Mixturen, bei denen man den alten Meistern vertraut.

Barutti erzählt und kehrt von dem stinkenden Leim sofort wieder in die Vergangenheit Venedigs zurück.

Im 14. und 15. Jahrhundert – also zur selben Zeit, als sein Leim entstand – hatte der Reichtum der florierenden Handelsstadt zu einer außergewöhnlichen Blütezeit aller Künste geführt. Doch im Gegensatz zu anderen italienischen Städten wurde hier nicht nur die bildende Kunst, sondern in gleicher Weise die Musik gefördert. Bereits im Jahr 1613, mit der Berufung Claudio Monteverdis zum Kapellmeister von San Marco, war Venedig zum Zentrum des europäischen Musiklebens avanciert. Die Klage Ariannas oder Orfeos und die Sprache der Winde gingen nun in neue, leidenschaftliche musikalische Ausdrucksformen ein.

Zur gleichen Zeit, als Monteverdi in Venedig Berühmtheit erlangte, wurde durch die Gründung der ersten Theater ein neues Unterhaltungsbedürfnis geschaffen. Viele Patrizier- und Bürgerfamilien waren im 17. Jahrhundert durch den Handel mit dem Orient reich geworden. In der Errichtung von Theatern fand man nun ein neues Betätigungsfeld, eine wichtige Einnahmequelle und Prestige. Als Republik besaß Venedig, im Gegensatz zu allen anderen italienischen Staaten im Barock, kein Hoftheater. Der Staat hat also nie in das Theaterleben eingegriffen. Die venezianischen Familien, allen voran die Grimani, haben irgendwann verstanden, daß es ein glänzendes Geschäft sein konnte, ein Theater zu errichten. Im Lauf von wenigen Jahren entstanden sechzehn Operntheater. Meist wurden sie nach den Heiligen der nahegelegenen Kirchen benannt. Im byzantinischen Geschmack der Zeit war ihre Ausstattung von großem Prunk bestimmt – auch Tintoretto und Tiepolo haben Bühnenbilder gemalt. Zum ersten Mal gab es öffentliche Opernbühnen, zu denen jeder, unabhängig von seiner sozialen Herkunft, gegen ein Eintrittsbillett Zugang fand.

Die Werke wurden nun nicht mehr allein im Kreis aristokratischer Musikkenner aufgeführt. Mit den neuen Bedürfnissen des kommerziellen Musikbetriebs entstand ein anonymes Publikum, das unterhalten werden wollte.

Als Monteverdis berühmte venezianische Spätoper *L'Incoronazione di Poppea* 1642 im Teatro Santi Giovanni e Paolo uraufgeführt wurde, war die Oper bereits zur beliebten und volkstümlichen Musikform geworden. Die Themen aus der Mythologie, wie sie an den Fürstenhöfen geschätzt wurden, wurden nun zugunsten dramatischer Handlungen und spannender Intrigen aufgegeben. Die Gestalten, die auf der

Bühne Arien und Duette sangen, sich auch derbe Parodien lieferten, wurden in ihren tieferen Beweggründen dem Publikum nähergebracht. Der historische Stoff der Poppea, das Intrigenspiel um Liebe und Abhängigkeit, wurde von Monteverdi einfach wie ein Thema der Gegenwart behandelt. Für die Zeitgenossen verbarg sich die reiche Venezianerin Bianca Cappello hinter der Gestalt auf der Bühne, von deren Ehebruch sich Monteverdi einige Anregungen geholt hatte.

Als Georg Friedrich Händel im November 1707, genau fünfzig Jahre nach Monteverdis Tod, in die Lagunenstadt kam, war Venedig bereits zur Hauptstadt der Oper geworden, auch wenn Neapel ihr diesen Rang streitig zu machen suchte. In Venedig erlebte Händel seinen grandiosen Triumph, der ihm die Türen in ganz Europa öffnete: die Uraufführung seiner heiteren Oper *Agrippina* 1709 im Teatro San Giovanni Crisóstomo. Librettist war Kardinal Vincenzo Grimani, dessen Familie das Theater gehörte. Der einflußreiche Kardinal griff bei den Machenschaften der Agrippina, die ihren Sohn Nero auf den Thron bringen will, durchaus auf eigene Erfahrungen in der Kunst der politischen Intrige zurück. Auch der Starkult um gefeierte Primadonnen oder berühmte Kastraten setzte mit Händels Oper ein.

Draußen, auf dem Kanal unterhalb von Baruttis Fenster, gleitet eine Gondel über das Wasser. *O sole mio.* – Wie schrecklich. Immer wenn die Lagune in der Abenddämmerung in dunkelgrünes Licht getaucht ist, fährt eine Gondel mit dem Lied über die neapolitanische Sonne vorbei. Eigentlich schade, daß kaum jemand noch die venezianischen Lieder kennt, sagt Barutti und fängt mit seiner leicht gebrochenen Tenorstimme von der Schönen in der Gondel zu singen an. Eine Jugenderinnerung? Barutti blickt versonnen vor sich hin. Aber Venedig, das ist eine Welt, die aus vielen Facetten besteht.

La Fenice entstand als letztes Theater in dieser Tradition und sollte, wie im Märchen, das schönste und langlebigste sein. Erbaut wurde es nach einem Brand im Teatro San Benedetto, dem damals wichtigsten Musiktheater. 29 Architekten nahmen an der Ausschreibung teil, bei der das Modell von Giannantonio Selva gewann. In nur 18 Monaten wurde das »Neue Theater« errichtet. Geplant als geometrischer Bau mit einem korinthischen Säulengang, mit Arkaden im unteren Teil und großen Fenstern im oberen, war das Fenice kein außerordentliches architektonisches Kunstwerk. In seinem Äußeren entsprach es aber voll und ganz dem Geschmack und den Bedürfnissen der Zeit. Architekt Selva gelang es allerdings, durch eine gewisse äußere Strenge einen optischen Einklang mit der gegenüberliegenden Kirche San Fantin zu schaffen. Mit ganzen 14 Auflagen hatte Architekt Selva zu kämpfen, darunter auch, daß der rückwärtige Eingang für Gondeln zugänglich sein mußte.

1836 brannte das gerade errichtete Theater erneut

ab. Die Ursachen wurden nie geklärt, vermutet wurde, es läge an einem neuen Ofen deutscher Herkunft. Venedig war eine Stadt aus Holz, und Brände waren keine Seltenheit. Das Geld für den Neubau wurde von der Versicherungsgesellschaft sofort zur Verfügung gestellt. Nun wurden die Brüder Meduna beauftragt, das Modell Selvas nachzubauen. Nach der Wiedereröffnung im August 1837 war auf dem Bühnenvorhang die Geschichte des Theaters, die Apotheose des Phönix aus dem Feuer, zu sehen.

Die große Zeit des Fenice begann mit den Opernkomponisten des 19. Jahrhunderts. Der Begründer dieser Tradition, Gioacchino Rossini, war gerade 21 Jahre alt, als sein *Tancredi* 1813 im Fenice uraufgeführt wurde. Der Erfolg war zunächst bescheiden. Doch wenig später begann ein Triumphzug durch die europäischen Opernhäuser. Der junge Rossini lernte gleich eines der wichtigsten Gesetze des Opernlebens: Eine glanzvolle Uraufführung bedeutete noch lange keinen dauerhaften Erfolg, und eine gelungene *prima* mußte noch lange keine Garantie für die Unsterblichkeit eines Werks sein. Held der *opera seria* war der Normannenkönig Tancredi aus Torquato Tassos Drama *Gerusalemme Liberata*. In einer klassischen Konstellation der *opera seria* erlebt Tancredi, angesichts der Bedrohung der Sarazenen, den Konflikt zwischen Liebe und Staatsräson. Nach den ganz eigenen Gesetzmäßigkeiten einer unfaßbaren Logik fügte sich alles zum Happy End. Als Rossini das Ende umschrieb und den Normannenkönig verwundet in den Armen seiner Geliebten sterben ließ, reagierte das Publikum empört. Erst auf dem Gipfel seines Ruhmes war es Rossini erlaubt, Tancredi in einer viel stimmigeren Version wieder sterben zu lassen. Die Rolle des Normannenkönigs Tancredi wurde von der berühmtesten Primadonna ihrer Zeit, Giuditta Pasta, gesungen. Frauen in Männerrollen waren eine späte Antwort auf den Kastratenkult des Hochbarock.

Immer wieder taucht in unserem Gespräch die Frage auf, ob das Fenice für die Venezianer mehr als ein Theater war.

Es war ein Salon, erklärt Alfredo Barutti, in dem sich alle sozialen Klassen, *nobili* und *popolani*, trafen, das Volk auf den Rängen und die Adligen im Parkett. Im *loggione* saßen die wahren Musikkenner, die jeder Sänger zu fürchten hatte. – Haben sich die unterschiedlichen sozialen Schichten im Fenice denn tatsächlich vermischt? Natürlich, sagt Baruttis Schwester Emilia, die sich im edlen Pelzmantel inzwischen zu uns gesellt hat, die adligen Damen hat man früher nur an ihren unglaublichen Parfümwolken erkannt.

Das Geschehen auf der Bühne bildete lediglich den Hintergrund zu dem gesellschaftlichen Leben, das in den Logen stattfand. Auch Spielhallen, Restaurants und Cafés mit Billardtischen gehörten zum Opernbetrieb. Mit den Einkünften daraus konnte der Impresario manchmal seine künstlerischen Mißerfolge ausgleichen. Ihm, dem Unternehmer, war auch der junge Rossini auf Gedeih und Verderb ausgeliefert. Nur bekannte Komponisten konnten ihrerseits Forderungen stellen. In einem Vertrag, der *scrittura*, waren alle Verpflichtungen festgelegt. Der Komponist war nicht nur mit dem Schreiben, sondern mit allen Phasen der Umsetzung, mit dem Einstudieren und nach der Uraufführung meist noch mit zwei weiteren Vorstellungen betraut, die er vom Klavier aus leitete. Eine Gewinnbeteiligung war zunächst nicht vorgesehen, bei erfolgreichen Komponisten wurde sie allerdings eingeführt.

Nachdem sich Rossini aus dem Opernbetrieb zurückgezogen hatte, nahm Gaetano Donizetti den wichtigsten Platz am Fenice ein. Auch die venezianische Geschichte lieferte ihm Stoffe: Sein *Marino Falier* erzählt von dem Dogen, der 1355 zwischen den Säulen des Markusplatzes enthauptet wurde. Durch die Untreue seiner Frau in seiner Ehre gekränkt, hatte Faliero zum Aufstand der *popolani* gegen seine eigene Klasse aufgerufen. Doch der Doge, Freund Petrarcas, wird zum Tod verurteilt, die alte Ordnung in einer Nacht wiederhergestellt. Im Palazzo Ducale ist das Porträt Falieros heute mit der schwarzen Schärpe versehen.

Die an Intrigen und Machtspielen reiche venezianische Geschichte stellte für die Massenproduktion Donizettis einen unerschöpflichen Fundus dar. *Caterina Cornaro* von 1844 war die letzte seiner vierundsiebzig Opern. Protagonistin ist eine der bedeutendsten Frauengestalten der *Serenissima*. Durch ihre Heirat mit König Jakob I. gelangte Caterina 1472 auf den Thron Zyperns. Nach Jakobs Tod wird sie zur Abdankung gezwungen, weil Venedig Zypern annektieren will. Für das Opfer entschädigt man sie scheinbar großzügig: Caterina Cornaro wird zur »Tochter der Republik« ernannt.

In der italienischen Operngeschichte des 19. Jahrhunderts hat kein Komponist für das Fenice so zahlreiche Auftragsarbeiten geschrieben wie Giuseppe Verdi. Das Drama des Freiheitshelden *Ernani* wurde 1844 uraufgeführt, gefolgt von *Attila*, *Rigoletto*, *La Traviata* und *Simon Boccanegra*. *Ernani* entstand im Geist der Spätromantik, die in Italien mit den Freiheitsidealen des *Risorgimento* zusammenfiel. Der kastilische Bandit Ernani riß ebenso wie die mutige Odabella in *Attila* das Publikum zu Begeisterungsstürmen hin: An dem Freiheitskampf auf der Bühne entzündete es seine eigenen patriotischen Hoffnungen. »Viva VERDI!«, die Initialen von *Vittorio Emanuele, Re d'Italia*, des ersten Königs des geeinten Italiens, wurde zum politischen Schlachtruf, Verdi zur nationalen Identifikationsfigur.

Die Komposition von *Ernani* war für Verdi die erste Zusammenarbeit mit dem aus Murano stammenden Francesco Maria Piave, von dem er »Kürze und Feuer« forderte.

Nicht nur in diesem Fall wehrte sich Victor Hugo,

von dem das erfolgreiche Drama stammte, verbissen und erfolglos dagegen, von Opernlibrettisten ausgeschlachtet zu werden.

Die Uraufführung des *Rigoletto* am 11. März 1851 bedeutete für Verdi eine endlose Auseinandersetzung mit der österreichischen Zensur. Ein buckeliger Narr mit edlen Gefühlen, der den moralischen Sieg über den adligen Libertin davontrug, galt schon als politische Subversion. Nach einer überaus unerfreulichen Auseinandersetzung wurde das Werk am 11. März 1851 schließlich doch uraufgeführt. Auch das Publikum spürte das Neue: die organisch schlüssigere Gesamtanlage, die Charaktere, die nun allein den szenischen Aufbau bestimmten und die sorgfältige Ausarbeitung der Harmonie. Die berühmte Arie »La donna è mobile« hielt Verdi bis zum Abend der Premiere sogar vor den Sängern geheim, aus Angst, die Gondolieri könnten die Melodie vorzeitig in der Stadt verbreiten – was dann noch am selben Abend geschah.

*La Traviata*, am 3. März 1853 uraufgeführt, war ein sensationeller Mißerfolg. Auf das allzu realistische Sujet reagierte das Publikum indigniert. Der Maestro nahm das Fiasko nicht tragisch und pflanzte eine Trauerweide im Garten seines Gutes von Sant' Agata. Er war davon überzeugt, daß *La Traviata* sich mit der Zeit durchsetzen würde.

Weißt du noch, wie wir in der ersten Opernaufführung als Komparsen aufgetreten sind? fragt

Baruttis Schwester Emilia. Es gab die *Turandot*, im Dogenpalast, und ich war damals elf Jahre alt. Sogar die Mitglieder der italienischen Königsfamilie saßen im Publikum.

Zur Zeit von Verdis spektakulären Uraufführungen war Nani Mocenigo, dem Direktor des Fenice, manch diplomatischer Drahtseilakt mit der Zensurbehörde gelungen. Doch danach hatte sich die politische Lage so zugespitzt, daß das Theater zeitweise sogar geschlossen werden mußte. Am 8. November 1866 endlich wohnte König Vittorio Emanuele der Aufführung der Kantate *Venezia al Re*, Venedig dem König, bei. Trotz der begeisterten Stimmung nach der Einheit Italiens wurden die Zeiten für das Fenice immer schwieriger. Die finanziellen Mittel wurden so knapp, daß man im Winter 1877 auf kostspielige Aufführungen sogar ganz verzichten mußte. An eigene Aufträge renommierter Komponisten war nicht mehr zu denken. Die gesamte Gattung der italienischen Oper war im Niedergang begriffen. Nach 150 Jahren erfolgreicher Tätigkeit gab die Theatergesellschaft endgültig ihre Existenz auf, die Stadt Venedig wurde neue Eigentümerin. Erst 1925 erhielt das Musikgeschehen am Fenice wieder eine besondere Bedeutung: Von Mario Labroca und Alfredo Casella wurde hier das *Festival della musica contemporanea*, das Festival der zeitgenössischen Musik, gegründet, das eine Verbindung zwischen Moderne und Tradition schaffen wollte. Auch Vivaldis Violinkonzert *Vier Jah-*

*reszeiten* wurden jetzt erst einem breiten Publikum zugänglich gemacht.

Gesungen habe er mit vielen Berühmtheiten, erzählt Barutti, mit Beniamino Gigli, mit Franco Corelli, Maria Callas und Renata Tebaldi. Als Gigli im Fenice die *Pagliacci* sang, habe er selbst vor Rührung und Aufregung keinen einzigen Ton mehr herausbekommen. Gigli war wie ein Wunder, Corelli sang phantastisch, hatte gute Manieren und stand auf der Bühne wie ein junger Gott. Zwischen 1950 und 1970, der Glanzzeit der schönen Stimmen, haben viele auch am Fenice besondere Erfolge gefeiert.

Und noch an eine Geschichte, die eher zur modernen Zeit und all ihren Widersprüchen gehört, erinnert sich Barutti: Bei der Musikbiennale von 1960 löste Luigi Nonos *Intolleranza* einen Skandal aus. Der Dialog zwischen dem Rebell, dem Gefolterten und seiner Gefährtin zeigt deutliche Bezüge zur politischen Realität. Bei der Uraufführung gab es einen organisierten Skandal, die Störer hatten sogar Stinkbomben in das Orchester geworfen, was ziemlich gefährlich war. »I'll kill them with my voice«, sagte die junge Sängerin Catherin Gayer, bevor sie, mitten in die Unruhen, auf die Bühne trat. Und am Ende haben der Chor und die Bühnenarbeiter Nono und der Dirigent Maderna im Triumphzug auf den Schultern getragen.

Der Wiederaufbau »wie und wo es war« klang wie eine beschwörende Formel, etwas von der eigenen

Geschichte ins neue Jahrtausend hinüberzuretten. Doch nicht wenige Venezianer hätten in dem engen Raum am Campo San Fantin lieber einen Neubau oder ein Museum der Oper gesehen. Für die Zeit des Wiederaufbaus stand mit dem *Palafenice* eine Art überdimensionales Ersatzzelt vor den Toren der Stadt. Nach anfänglicher Skepsis wurde das *Palafenice* erstaunlich gut angenommen: ein Ort, der für die Besucher vom Festland leichter erreichbar war. Vielleicht können in Zukunft beide Theater nebeneinander bestehen, eines für die Erinnerung und eines für die Realität. Unabhängig von jeder äußeren Polemik ist die Musik, die am Fenice erklang, längst in die göttliche Sphäre der Unsterblichkeit eingetreten.

Vielleicht ist der Wiederaufbau des Fenice auch eine typisch venezianische Geschichte, sagt Alfredo Barutti beim Abschied, dieses Opernhauses, das sich hinter dem eigenen Mythos verbirgt und gerade deshalb um so beharrlicher überlebt.

# Die geheimnisvolle Welt
# der Inseln

## Venedig und seine Lagune

Früher, als Dario Vianello noch Besitzer eines Wassertaxis war, hat er manchmal ziemlich verrückte
Geschichten erlebt. Einmal habe ein Fahrgast intensiv ins Wasser gestarrt. Was er da suche, hat Dario
damals gefragt. Die untergegangenen Paläste, war die
Antwort. Es war das verrückteste, was er jemals
gehört hat, sagt Dario, aber vielleicht ist das auch
typisch dafür, wie viele falsche Geschichten über
Venedig im Umlauf sind. Als wir uns am Sonntag
nachmittag in der Nähe des Arsenals treffen, haben
Dario und sein Freund Silvano gerade noch die
Boote gewechselt: Am Vormittag waren sie schnell
vom Arsenal mit der Gondel nach Burano gerudert,
um für die nächste historische Regatta fit zu sein.
Eineinhalb Stunden haben sie vom Arsenal bis

Burano gerade mal gebraucht. Mit seinem vom Wind aufgeblähten Anorak, den kurzen schwarzen Haaren und den blitzenden Augen sieht Dario wie ein Seefahrer aus der Vergangenheit aus. Er stamme aus einer alten Gondoliere-Dynastie, erzählt er. Früher gab es alle dreihundert Meter eine öffentliche Anlegestelle am Canal Grande, die Gondel war einfach das Verkehrsmittel der Stadt. Mit seinem Vater und Großvater hat er fast alle der 118 Inseln, kleine und große, bewohnte und unbewohnte, in der Lagune kennengelernt. Schon als Junge hat er hier seine Wurzeln entdeckt. Solange Venedig existiert, hat die Lagune die Stadt und ihre Bewohner geschützt. Sie brauchte keinerlei andere Befestigung, denn die Feinde der *Serenissima* trauten sich, auch aus Angst vor den Untiefen, nicht hinein. Die alten Venezianer, sagt Dario, haben die Lagune respektiert, auch ein bißchen gefürchtet und respektvoll mit und aus ihr gelebt. Selbst den ersten Siedlern boten die Fischteiche im Süden Fische und Salz zum Überleben an. Im Jahr 421 hatten die ersten Venezianer in der unzugänglichen Lagune Schutz vor Germanen und Hunnen gesucht. Die ersten Hütten wurden im Schlamm errichtet. Erst allmählich gewöhnten sich die Lagunenbewohner daran, aus der ungewohnten Behausung ohne wirklich festen Boden eine Stärke zu machen. Vielleicht hat die äußere Umgebung den Charakter geprägt: ausgesprochener Pragmatismus und geschickte Anpassung an die Verhältnisse hat sich bis heute als Lebenshaltung der Venezianer bewahrt.

»Hast du schon einmal die Schlingpflanzen gesehen, die am Ufer von Torcello wachsen?« fragt Dario. »Sie sehen aus wie weitverzweigte Kakteen und schmekken wie bitterer Brokkoli. Es heißt, daß sie auch die Nahrung der ersten Venezianer vor 1500 Jahren waren. In ein paar Trattorien werden sie sogar noch als originelle Beilage serviert.«

Der Sohn eines Gondoliere als Taxifahrer? Was hat seine Familie denn zu dem Wechsel auf das Motorboot gesagt? Die Familie selbst hat das so gewollt, sagt er, weil der Job als Gondoliere in der Vergangenheit einfach zu saisonbedingt und daher schlecht bezahlt war. Heute, nachdem die Gondel zum Symbol Venedigs und wichtig für die Touristen geworden ist, verdient man damit gut. Sein Großvater stand zur Zeit des *Grand Tour*-Tourismus vor dem *Casinò*, aber schon sein Vater habe früher jeden Winter in den Chemiefabriken von Porto Marghera zusätzlich den Unterhalt der Familie verdient. Natürlich gab es auch Gondolieri, die bei einer *casada*, einem Adelshaus, fest angestellt waren. In ihrer Gala-Uniform sind sie manchmal auf den alten Gemälden zu sehen. Jahrelang stand er selbst mit seinem Wassertaxi am Tronchetto, bis ihm das Gewissen über Wucherpreise und Umweltsünden keine Ruhe mehr ließ. Schließlich habe er sich bei den Grünen in Mestre politisch engagiert und war am Ende in beiden Lagern suspekt: bei seinen Kollegen, wo er mit seiner Kritik fast schon als Nestbeschmutzer galt, und bei seinen politischen Freunden, wo wiederum der Beruf zu manchen verständnislosen Fragen geführt hat.

Was er jeden Tag gesehen habe, sagt Dario, in der Stadt und in der Lagune, hat zu seinem radikalen Umdenken und schließlich zur Gründung der Umweltkooperative *»Terra e acqua«* geführt, die zur nationalen Gruppe *Verdi Ambiente e Società* gehört. Früher waren die *Savi*, die Weisen, für den Erhalt der Lagune zuständig. Auf willkürliche Verschmutzung stand die Todesstrafe, denn nur ein Gleichgewicht von Natur und menschlicher Besiedlung konnte das Überleben garantieren.

Drei Feinde habe die Lagune, sagt ein altes venezianisches Sprichwort – das Meer, das Land und den Menschen.

Sechzig Prozent der Gesamtfläche Venedigs bestehen aus Wasser. Die größten Probleme entstanden überall da, wo die unterschiedlichen Interessen von Land und Wasser aufeinandertrafen. Und immer dann, wenn Dario selbst in die unberührte Welt der Lagune hinausfuhr, kam ihm die Idee: Venedig den vielen Besuchern von der Lagune aus zu zeigen, vor dem Hintergrund der Welt, in der es ursprünglich entstanden ist. Nur wenn man diese Stadt in ihrer faszinierenden Umgebung wahrnimmt, entsteht ein anderes Verständnis dafür, was Venedig und seine Lagune wirklich ist.

Während im Süden vor allem die *valli da pesca*, die Fischteiche, liegen, hat sich im Norden eine nahezu unberührte Inselwelt erhalten: Rechtzeitig vor allen verheerenden Eingriffen in unserem Jahrhundert hatte man den Norden zum Naturschutzgebiet erklärt. Mit ihren 520 Kilometern ist die Lagune Venedigs die größte des Mittelmeers und reicht von Chioggia bis Jesolo. An manchen Stellen ist sie bis zu dreißig Meter tief.

Mit der Sicherheit eines erfahrenen Seefahrers, der die Geheimnisse des Wassers seit Urzeiten kennt, steuert Dario das Boot vom Arsenal zwischen den *bricole* hindurch. Mit diesen Holzbaken sind zwischen der Stadt und den Inseln die drei Haupttrassen, ausgebaggerte Fahrrinnen für *vaporetti* und Boote, markiert. In der Nähe der Stadt ist das Wasser noch flach, grau und ruhig. In der Lagune würde er sich bei jedem Wetter sicher fühlen, sagt Dario, das ist natürlich anders als auf dem offenen Meer. Trotzdem, als wir schon ziemlich weit von der Stadt entfernt sind, weicht Dario geschickt gefährlichen Tiefen und Schnellen aus.

Wir kommen an Murano vorbei. Langsam kündigt sich der Wetterumschwung an. Hochwasser dagegen, sagt Dario, hat es zu allen Zeiten gegeben. Heute kann natürlich mehr Wasser vom Meer hereindringen, da man die *bocche di porto*, die Mündungen zum Meer, für die Öltanker ausgebaggert hat. Drei *bocche di porto*, bei Malamocco, San Marco und vor dem Lido, verbinden die Lagune mit der Adria.

Langsam fängt es zu regnen an. Wäre er jetzt noch mit der Gondel unterwegs, hätte er sich schon längst einen sicheren Unterschlupf gesucht. Wie farbige Inseln, deren dichter Teppich aus lilafarbenen Blüten sich mit dem Grau der Lagune mischt, tauchen die pflanzenüberwachsenen Salzwiesen aus den Wellen auf.

Seeschwalben, Sumpfstelzen und Kormorane fliegen darüber hinweg. Mit dem farbigen Teppich aus leuchtenden Blüten sehen die Salzwiesen selbst wie eine einzige Blüte aus. Siehst du die Hügel dort? Hier, östlich der Lagune, kommt der berühmte Prosecco aus Valdobbiadine her. »Die meisten Leute wissen gar nicht«, erzählt Dario, »daß es in Venedig alle sechs Stunden Ebbe und Flut gibt. Sie wissen zwar, daß es manchmal Hochwasser gibt, aber sie haben nicht die geringste Ahnung, daß das mit den Gezeiten zu tun hat.« Die Landkarte Venedigs müßte man ständig neu zeichnen, hatte der Schriftsteller Italo Calvino einmal gesagt, denn die Umrisse der Lagune verändern sich durch die Natur selbst und durch menschliche Eingriffe kontinuierlich. Zur Zeit sinkt Venedig um vier Millimeter im Jahr, im gesamten 19. und 20. Jahrhundert ist es um 23 Zentimeter gesunken. Es gibt natürliche Ursachen wie das Steigen des Meeresspiegels, und andere, die mit dem Raubbau der Menschen zu tun haben: Venedig ist auch gesunken, weil man in den dreißiger Jahren unter der Lagune Erdgas gefördert und Grundwasser entnommen hatte. Das wurde inzwischen gestoppt.

»Eine Lagune ist ein höchst empfindsames Gebilde«, erklärt Dario nachdenklich, »es entsteht, wo Meer- und Flußwasser zusammentreffen. Früher gab es sechs Mündungen zum Meer, von denen drei inzwischen versandet sind. Ohne den Austausch mit dem Meer wäre die Lagune ein lebloser Teich.«

Schon zur Zeit der venezianischen Republik diskutierten die Verantwortlichen in der Stadt über den Erhalt der Lagune genauso heftig wie jetzt. Trotz vieler Warnungen wurden bereits im 15. und 16. Jahrhundert die Flüsse Sile, Brenta und Piave umgeleitet, um die sumpfigen Gebiete im Norden für den landwirtschaftlichen Anbau überhaupt nutzbar zu machen. Die Flüsse hatten zwar zur Verschlammung der Kanäle geführt, was der Schiffahrt, damit dem Handel und damals auch der militärischen Verteidigung geschadet hatte. Doch nun wurde durch die Ableitung der Flüsse auch die Erosion der Lagunenränder verstärkt: Denn die Ausschwemmung bei Ebbe und Flut konnte nicht mehr durch den Zulauf des Flußwassers reguliert werden. Heute führen nur kleinere Nebenarme der Lagune noch Süßwasser zu.

Dario fällt zu jeder Insel eine Geschichte ein: Auf San Clemente war früher die psychiatrische Anstalt für Frauen untergebracht. Als die alte Anstalt mit ihren zweihundert Zimmern dann geschlossen wurde, haben sich alle Venezianer, die gerade irgend etwas bauten, hier bedient. Ehe man sich versah, waren Steine, Türen, Fenster und Statuen weg. Später wurde sie von der Firma Benetton erworben und für das Doppelte weiterverkauft, ein lohnendes Geschäft. Auch dort wird ein Hotel- und Kongreßzentrum entstehen, sagt Dario. Und das bedaure er so, daß den meisten Leuten in Venedig nichts besseres einfällt als der maximale Profit.

Viele der Laguneninseln haben seit der Zeit der *Serenissima* eine besondere Funktion: ein perfektes System aus Tod, Krankheiten, Seuchen, mönchischem Leben und handwerklichen Tätigkeiten fand auf den Inseln statt. Auf manchen, wie heute noch auf San Francesco del Deserto oder San Lazzaro degli Armeni, haben seit Jahrhunderten Mönche gelebt. Die meisten dieser alten Funktionen wurden inzwischen aufgegeben. Die Kommune hat die kleineren Inseln inzwischen an private Investoren verkauft oder an Umweltschützer wie Darios Gruppe verpachtet. Seitdem der Massentourismus die Stadt immer mehr überflutet, haben die Venezianer selbst ihre Inseln wiederentdeckt.

An der Glasbläserinsel Murano vorbei nähern wir uns Sant'Erasmo. An den Rändern von Sant'Erasmo, auf der schon zur Zeit der Dogen Gemüse angebaut wurde, kann man die Entstehung und viele Veränderungen der Lagune gut erkennen, erklärt Dario. Der Zufluß von Süßwasser aus den beiden Flüssen Piave

und Sile förderte eine Dünenlandschaft in Meeres-
nähe, die sich zum Innern der Insel hin in fruchtbare
Felder verwandelt. Zum Meer hin ist die Insel gegen
Hochwasser mit Dämmen geschützt, zur Lagune hin
hat sie einen Strand. Hierher kommen die Venezianer im Frühjahr, um zu picknicken und ihre Boote
zu streichen. Wer die Entstehung der Lagune verstehen will, dem rate ich immer, nach Sant'Erasmo zu
fahren, sagt Dario. Sogar das Linienschiff fährt von
den *Fondamente Nuove* hierher.

Von der Anlegestelle von Sant'Erasmo sind nur
noch von weitem, wie hinter Dunst verborgen, die
Türme Venedigs zu sehen. Mit ihren flachen Häusern und den rechteckigen Feldern, so groß wie
Plantagen, sieht die Gemüseinsel wie ein glänzendes
Abziehbild einer intakten Fünfziger-Jahre-Welt aus.
Durch die Jahrhunderte hindurch hat es sein
ursprüngliches Aussehen erhalten. Die geraden Wege
führen an schmalen Kanälen und der ungewöhnlichen Mischung von Schilf, Lorbeer und Pappeln
vorbei. Auf das Schilf am Ufer folgen Schlehen, Aka-
zien, weiße Pappeln und Lorbeersträucher. Die
Gerüche von Land und Meer vermischen sich im
Frühjahr und Sommer zu einer Woge duftender
Natur. Auch Hagebutten und Granatäpfel, die traditionellen Bäume ländlicher Siedlungen innerhalb der
Lagune, gedeihen hier. Ein paar ältere Bauern arbeiten auf den Feldern, junge Frauen schieben in
wehenden Kleidern ihre Kinderwägen vor sich her.

Die Bevölkerungszahl sinkt zwar leicht, was vor allem mit dem Weggang von den Inseln zu erklären ist. Doch manche jungen Familien gehen auch den umgekehrten Weg und ziehen auf die Inseln zurück.

»Beim Pflügen der Felder findet man hier immer wieder Teller und Scherben aus allen möglichen Epochen«, erklärt Dario. »Denn zur Zeit der Dogen wurde das Gemüse täglich von hier zum Rialto-Markt transportiert, und zurück kamen die organischen Abfälle der Stadt. Sie wurden dann als Dünger verwendet. So gab es einen ständigen Bootsverkehr, mit Gemüse auf den einen und Abfällen auf den anderen Booten.«

Die Herkunft des Gemüses von Sant'Erasmo gilt auf dem Rialto-Markt als besonderes Gütesiegel. Denn den Artischocken und Zucchini haftet, ebenso wie dem fast legendären, seltenen Wein, ein leichter Salzgeschmack an. Die Häuser am Ufer sehen verlassen aus, doch auf Sant'Erasmo leben immerhin zweitausend Menschen. Es ist die einzige Insel, auf der Autos fahren, erklärt Dario, was zu den besonderen Vergnügen der Inselbewohner gehört. Oft haben sie mit der Fähre fast schrottreife Autos hierhergebracht und fahren zu ihrem Sonntagsvergnügen, meist ohne Nummernschild, damit herum. Die Pflanzen – Strandnelken, Meerlavendel, Weiden, Edelrauten und Tamarisken – sind typisch für die ganze Lagune; hier allerdings sind sie gut zu erkennen, weil der Küstenstreifen leichter zugänglich als andernorts ist.

Wir kommen nach Burano und machen das Boot am Ufer fest. »Früher war nicht der Karneval in Venedig, sondern auf Burano berühmt. Aber seitdem der Karneval in der Stadt eine einzige Touristen-attraktion geworden ist, verzichten die Bewohner auf Burano irgendwie auf ihre eigene Tradition.

Dario kennt Mori, die eigentlich Speranza heißt. In ihrem Wohnzimmer nehmen die Stiche ihres ur-alten Kunsthandwerks das Aussehen von Lebens-linien an. »Sehen Sie«, sagt Mori, »diesen geraden Stich, den müssen Sie sich als Steg vorstellen, so wie die Brücken befestigte Wege über die Kanäle sind.« Ein schönes Bild. Mori wohnt heute in einem gelben Haus im Innern der Insel, aber früher, als ihr Mann Arturo, der Fischer war, noch jede Nacht um drei Uhr loszog, um den Lebensunterhalt für die Familie zu verdienen, haben beide in einem blauen Haus direkt an der Lagune gelebt.

»Wissen Sie eigentlich, warum die Häuser auf Burano so farbig sind?« fragt Mori, während sie in ihrem Schlafzimmer nach den in leinerne Tücher eingehüllten Spitzendeckchen sucht. »Bei uns auf Burano gab es früher nur drei, vier Familiennamen, für den Postboten eine Qual. Irgendwann haben dann die Leute beschlossen, ihre Häuser in verschie-denen Farbtönen anzustreichen, so daß es für ihn einfacher war. Also Vidal im gelben Haus oder sein Cousin im hellblauen, und dann war es plötzlich klar.«

Mori ist heute 81 Jahre alt. Seit 61 Jahren stellt sie feinste Spitzen her – allerdings nur noch als Geschenk für ihre Enkelinnen. Damals, in den zwanziger Jahren, war es einfach der für eine Frau vorgezeichnete Weg. »Ich wollte etwas lernen«, sagt Mori, und die *Scuola di Merletti* (Stickereischule), heute ein Museum, war die einzige Schule, die es auf Burano gab.

In Moris Erzählung vermischen sich Stiche, persönliche Lebensgeschichte und Inselrealität. Seit dem 16. Jahrhundert werden auf Burano Stickereien hergestellt. Die Männer waren damals schon als Fischer in der Lagune unterwegs und die Frauen monatelang allein. Irgendein Fischer hatte eines Tages groben Faden und ein Seepferdchen mitgebracht. Das Seepferdchen wurde das erste Modell: Die Frauen haben es einfach abgemalt und mit dem groben Faden nachgestickt. Sogar das Papiermodell, auf das das Muster vorgezeichnet wurde, hat man ursprünglich aus getrockneten Algen hergestellt und danach verbrannt. Das hat auch die Einmaligkeit der einzelnen Stücke garantiert. Der *Punto Burano* ist weltberühmt, ein bißchen außer Mode geraten erst im späten 19. Jahrhundert, als die floralen Muster nicht mehr dem Geschmack der Zeit entsprachen.

Sticken und fischen: damit haben Mori und Arturo ihre vier Kinder ernährt. Sie weiß noch, wie sie manchmal mit den fertigen Deckchen nach Venedig fuhr und gegen ein bißchen Korn getauscht hat.

In der Nachkriegszeit hat die Familie auch dank ihrer Arbeit überlebt. Arturo und seine vier Brüder fuhren vor Sonnenaufgang zum *vallesino*, dem Fischteich im Süden der Lagune, hinaus, den sie von einem venezianischen Adligen gepachtet hatten. Vier Brüder mitsamt ihren Familien mußte der *vallesino* ernähren. In der Vergangenheit hat die Arbeit der Frauen auch ein besonderes Gemeinschaftsgefühl geschafft, denn nur zusammen konnte ein solches Kunstwerk entstehen. Sogar einen – weniger komplizierten – *Punto Chiaccherino* gibt es, der etwas weniger Konzentration erfordert, nach den *chiacchere*, dem Geplauder der Frauen benannt. Denn jede Frau hier ist auf einen einzigen Stich spezialisiert, erklärt Moris Enkelin Martina, die heute den kleinen Familienbetrieb leitet. »Die erste macht die Zeichnung auf dem Papier. Die nächste steppt die Linien mit der Maschine ab, an denen man sich bei der Arbeit orientieren kann. Eine stickt die Stäbchen, die nächste die Rosetten und die übernächste das Netz, und die letzte umstickt die Ausschnitte um die Rosette. Und am Ende sieht die Stickerei wie eine Reliefarbeit aus. Es ist sehr schwer zu lernen, und wenn man einmal einen Stich beherrscht, bleiben immer noch die anderen. Denn der typische Burano-Stich besteht aus sieben Einzelstichen, und deshalb ist es bislang niemandem gelungen, ihn zu kopieren.«

Touristen werden gern gesehen: Man erfährt von ihnen Bewunderung. Ihre Anwesenheit ist sogar eine willkommene Abwechslung in dieser allzu abgeschiedenen Welt. In die Grundschule gehen die Kinder auf Burano, später fahren sie mit dem Vaporetto nach Venedig. Knapp 3000 Menschen leben heute noch hier, jeden Morgen fallen Schulklassen und Besucher ein, und am späten Nachmittag wird es unheimlich still. Die jungen Leute sind längst aufs Festland oder nach Treporti gezogen, erzählt Enkelin Martina, zehn Minuten mit der Fähre, von wo aus man sogar mit dem Auto in den nächsten Supermarkt nach Jesolo kommt. Der Bootsverkehr nach Venedig funktioniert bis in die späte Nacht. Aber inzwischen interessieren sich die Mädchen mehr für Computer als für Spitzen, und mit dem alten Handwerk ist es wahrscheinlich bald vorbei. Stücke, die hier entstanden sind und nicht importiert wurden, sind nahezu unbezahlbar: etwa fünfzehntausend Euro würde eine Tischdecke kosten, an der bis zu 25 Frauen drei Jahre lang beschäftigt waren. Mit Billigprodukten aus China, wie sie überall in Venedig und auf Burano verkauft werden, hat das wenig zu tun. Auf Burano hat man sich dem Markt und den Tagestouristen angepaßt.

Wie lange Mori damals für so ein kleines Deckchen gebraucht hat? Das kann sie nicht mehr sagen. Es ist in einer Vergangenheit entstanden, in der Zeit noch nicht im Gegenwert Geld zu messen war. Die Frauen auf Burano sticken, nur auf der Insel Pellestrina wird geklöppelt, was zu völlig anderen Ergebnissen führt. Fünfhundert Euro würde ein Werk ihrer Urgroßmutter heute kosten, ergänzt Martina Vidal, vom Durchmesser etwa zehn Zentimeter groß. Wir betrachten es ehrfurchtsvoll. Die Blicke der Gegenwart fangen sich in den feinen Netzen der Spitzendeckchen ein. Martina hat sie, regelmäßig gebügelt, in einer besonderen Schachtel verwahrt.

Mori hat einen merkwürdig klaren Blick, wenn sie vom Schicksal, dem Leben auf der farbigen Insel und den drei Generationen von Frauen spricht. »Können Sie sich vorstellen, wie es war, in eine Familie mit patriarchalischen Strukturen hineingeboren zu sein?«

Es regnet in Strömen, als Darios Boot von Burano ablegt. Wir fahren Richtung San Giacomo in Palude, eine Insel, die im Kanal auf halbem Weg zwischen Murano und Burano liegt. Heute ist sie unbewohnt, an ihrem Ufer ist nur eine massive Festung zu sehen. Früher war es ein Ort, an dem die Pilger Station machten. Dario und seine Gruppe haben die Insel auf sechs Jahre gepachtet. Falls ihr Projekt, die Insel und ihre Gebäude zu restaurieren, sich als stimmig erweist, wird ein dreißig Jahre dauernder Pachtvertrag folgen. Was die Gruppe mit der Insel vorhat? Ein Ort für Venezianer und normale Besucher schaffen, erklärt Dario, den man heute wie eine Stecknadel suchen muß. Die Insel ist, wie ein großer Teil der Lagune, voller archäologischer Funde, sein Traum wäre, hier ein kleines Museum einzurichten, ein sozialer Treffpunkt für alle, die Ursprünglichkeit und

Natur suchen. »Heute ist vielleicht der Eindruck ent‐
standen, daß die besondere Lage im Wasser Probleme
bereitet. So als wenn das Wasser die verschiedenen,
alltäglichen Welten in viele kleine Inseln teilen
würde. In Wirklichkeit ist es ganz anders: Das Wasser
ist ein verbindendes Element zwischen der Stadt und
ihrer Umgebung. Und vielleicht müssen wir uns
wieder mit dieser Sichtweise vertraut machen.«

# Tod in Venedig

## Staatsanwalt Felice Casson und die Giftfabriken von Porto Marghera

Von seinem Büro an der Rialto-Brücke hat Staatsanwalt Felice Casson so manches Mal nachdenklich über den vor Leben pulsierenden Fischmarkt geblickt. Glänzende Rotbarben, fette Goldbrassen, silbrigschillernde Hechte und bläuliche Sardinen sind von seinem Bürofenster aus in ihrer ganzen Pracht zu sehen. Fast könnte man meinen, er habe seinen unbestechlichen Blick durch die besondere Aussicht auf den Fischmarkt geübt. Denn vielleicht hat er gerade hier zwischen schönem Schein und unsichtbarem Schmutz, zwischen glänzenden Schuppen und vergiftetem Innenleben zu unterscheiden gelernt. Während seiner Ermittlungen über die Verschmutzung der Lagune hatte der Staatsanwalt seine Kontrolleure auch zu den Fischern geschickt. Denn selbst im trübsten Gewässer wird noch gefischt: So manch goldgebratener Fisch in den feinen Restaurants hatte in der Vergangenheit unter seiner knusprigen Haut auch die ganze Geschichte von Porto Marghera im Bauch.

Vielleicht haben sie damals gemeinsam über den Fischmarkt geblickt, an jenem denkwürdigen Augusttag des Jahres 1994, als sich der Chemiearbeiter Gabriele Bortolozzo und der Staatsanwalt, heute einer der angesehensten Italiens, zum ersten Mal begegnet sind. Ein ganzes Bündel detaillierter eigener Beobachtungen und Aussagen erkrankter Kollegen aus der Chemiefabrik Petrolchimico hatte Gabriele Bortolozzo damals dabei. Hätte früher jemand diese Aufzeichnungen ernst genommen, dann hätte man sicher viele Menschenleben retten können, sagt Casson rückblickend bei unserem Gespräch. Vielleicht hat es mit dem unbestechlichen Blick des Staatsanwalts zu tun, daß die Begegnung zwischen ihm und dem engagierten Umweltschützer anders als die mit seinen Vorgängern verlief. Felice Casson jedenfalls traute seinen Augen nicht, als er die von Bortolozzo aufgezeigten Fakten über die Häufung der Krankheitsfälle las. »Als ich zum ersten Mal die Daten sah, die Gabriele Bortolozzo gesammelt hatte, erschien es mir unvorstellbar, daß niemand zuvor den Ursachen von so vielen Todesfällen und Erkrankungen nachgegangen ist. Es war einfach schockierend, was Gabriele Bortolozzo aufgedeckt hatte. Aber im Lauf der Untersuchung stellte sich heraus, daß alles noch viel schlimmer war – und das war eigentlich das Erschreckende daran.«

In der Vergangenheit hatte Bortolozzo schon mehrfach Anzeige erstattet, ohne daß jemand den Mißständen nachgegangen wäre. Es mußte zu dieser Begegnung über dem Fischmarkt kommen, damit in Venedig ein Mammutprozeß begann.

Im Lauf seiner Untersuchung gegen die, wie er sagt, »Giftfabriken, wo Menschen wie Schlachtvieh verheizt wurden« hatte Felice Casson unzählige Vernehmungen durchgeführt und Gutachten von hochkarätigen Expertenteams eingeholt. Schließlich wurde das Verfahren gegen die verantwortlichen Manager des Chemiekolosses Montedison und seiner Tochterfirmen Enichem und Enimont eröffnet: wegen des Todes von über hundert Arbeitern und wegen der nachhaltigen Verschmutzung der Lagune mit Quecksilber, Dioxin, Arsen und Asbest. 500000 Seiten umfaßte seine Ermittlung. »Im Namen des vergifteten Volkes« hatte Felice Casson seine Anklageschrift tatsächlich genannt. »Den Namen habe ich gar nicht selbst erfunden. Er war in den Zeitungen aufgetaucht, und ich fand ihn überaus bezeichnend. Denn jahre- und jahrzehntelang hatten in Venedig Fabriken die ganze Lagune, Wasser und Luft, mit giftigen Substanzen verseucht und die Erkrankung und zahlreiche Todesfälle unter den Arbeitern von Porto Marghera hervorgerufen. Ich wollte die Angelegenheit einfach in einem anschaulichen Begriff zusammenfassen.« Zwischen dem Chemiearbeiter und dem Staatsanwalt war im Büro über dem Fischmarkt eine ganz besondere, jahrelang andauernde Beziehung entstanden. Er habe Bortolozzo geschätzt, sagt Casson heute, und beide haben sie, auf ganz verschiedenen Wegen, gegen die Verschmutzung der Lagune gekämpft. Gemeinsam haben sie am Ende einen riesigen Stein ins Rollen gebracht.

Unter seinen Kollegen in Porto Marghera war Gabriele Bortolozzo als leidenschaftlicher Fahrradfahrer und Naturliebhaber bekannt. Als er in den fünfziger Jahren mit seinen Fahrradtouren begann, lag hinter Marghera ein grüner Dschungel und eine ländliche Welt. Bei jedem Sonnenaufgang mischten sich Vogelstimmen und Fabriksirenen. Industriekanäle flossen durch eine weitgehend unberührte Landschaft, und 179 Fabrikschlote ragten in den Himmel. In Porto Marghera existierten zwei Welten, die nicht nur auf den ersten Blick unvereinbar waren. Das Nebeneinander von Fabrik und ländlicher Umgebung war typisch für das Italien der Nachkriegszeit. Arbeiter aus dem italienischen Süden und rückkehrende Emigranten aus Nordeuropa zogen hierher. Wie in der kosmopolitischen Vergangenheit Venedigs kamen die Menschen aus aller Welt. Ganz in der Nähe der Altstadt entstand ein neues, chaotisches Siedlungsgebiet.

Wie viele seiner Generation hatte Gabriele Bortolozzo zu Beginn der fünfziger Jahre im Chemiewerk Petrolchimico vor den Toren der Stadt Arbeit gefunden. Dreißig Jahre lang hat Gabriele Bortolozzo in der Abteilung CV6 gearbeitet. »Todesabteilung« wurde sie erst später genannt. Hier wurde Monovinylchlorid, der Ausgangsstoff für PVC, hergestellt. Wie viele Arbeiter wohnte auch Bortolozzo in unmittelbarer Nähe der Fabrik. Hafen, Fabriken und Wohnviertel verbanden sich in Venedigs Stadtteil Marghera zu einer neuen, zukunftsweisenden Welt. Auf 2000 Hektar erstreckt sich das Industriegebiet, während die Altstadt gerade 700 Hektar umfaßt. Damals schon war Porto Marghera eine Art Grenzbereich, zu einer eigenen Welt zwischen den Welten und den Epochen geworden.

»Porto Marghera ist aus einem brennenden Kometen entstanden, der ins Meer gefallen ist«, heißt es in einem bekannten Lied. Die Realität sieht ungleich banaler und aus heutiger Sicht auch ungleich zynischer aus. Als es die ersten warnenden Hinweise dafür gab, daß Chemiefabriken mit dem empfindlichen Ökosystem der Lagune unvereinbar waren, war es bereits zu spät: Da hatte sich der gigantische Koloß, einer der größten Industriehäfen Europas, schon im Herzen der Lagune breitgemacht. Unter seinem Rauch und seinen giftigen Dämpfen verschwand alles, was vorher einmal war.

»Der erste Plan für Porto Marghera war schon 1902 entstanden«, berichtet Cesco Chinello, ehemaliger Parlamentsabgeordneter und Autor mehrerer Bücher über Marghera, in seinem kleinen Büro im Stadtviertel Castello, das voller Bücher über die Geschichte Venedigs ist. »Von Piero Foscari, einem Nachfahren der Dogen, wurde die Idee dann aufgenommen und weiterentwickelt. Foscari wollte den Hafen von Venedig aus der Stadt heraus auf das heutige Gebiet von Marghera verlagern. Das war damals eine revolutionäre Idee: die Schiffe dort zu entladen, wo sie ankamen und das Material da auch zu verarbeiten. Außenpolitisch strebte man damit die Vormacht im Adriaraum und über den Balkan an. Finanzielle und außenpolitische Ziele haben sich also vermischt.«

1917 begann man mit dem Bau von Anlagen für die Aluminiumproduktion, daneben wurden Schiffswerften und Hüttenwerke errichtet. »Auf der einen Seite entstand der Hafen für die Öltanker, auf der anderen der Industriehafen.« Keine drei Kilometer Luftlinie vom Markusplatz entfernt fand die andere, die schmutzige Geschichte Venedigs statt.

»Es war eine geniale Idee des Unternehmers Volpi«, findet Chinello heute noch, »sich die Errichtung des Industriehafens vom Staat finanzieren zu lassen und die Gelände an private Unternehmer weiterzuverkaufen. Er überließ dem Staat alle Kosten für die Urbarmachung. Und die italienische Handelsbank hat als sein Partner dieses Projekt finanziert.« Im Namen einer unbegrenzten industriellen Entwicklung wurde die Lagune brutal und unwiderruflich verletzt. Mit der Stadt Venedig hatte das Ganze wenig zu tun: »Die Arbeitskräfte kamen aus dem Veneto, das Kapital aus Italien und aus dem Ausland. Die Stadt Venedig hatte nur die Folgen der Verschmutzung zu tragen. Im Bewußtsein der Zeit kam dieses Problem gar nicht vor. Alle Rohstoffe waren hochgradig umweltschädigend. Und der ganze Müll und sämtliche Abwässer wurden vor dem Lido in die Adria gelassen.«

In den dreißiger Jahren schließlich wurde die Produktion in Marghera zu einer wichtigen Basis für die faschistische Kriegspolitik. Auch Handgranaten wurden hier gebaut. Unternehmer Volpi, der Planer von Porto Marghera, war inzwischen zum Finanzminister Mussolinis avanciert. Nach dem Krieg wurde die gesamte Produktion noch verdoppelt. In einer zweiten Industrialisierungsphase in den fünfziger Jahren kamen schließlich die Industriefabriken hinzu. Genau in ihrem Schatten wurden auch die Wohnviertel für die Arbeiter gebaut. »Nun griff endlich die Stadtverwaltung ein, die einen Flächennutzungsplan für Marghera erstellen ließ. Man war gewissermaßen wild entschlossen, alle Giftfabriken dieser Welt nach Marghera zu verbannen. Und folgte dabei noch einem theoretischen Konzept: ›In Porto Marghera sind alle Fabriken angesiedelt, die Rauch, Staub und Dämpfe ausstoßen und für die menschliche Gesundheit schädlich sind.‹ So hatten es noch 1962 ange-

sehene Stadtplaner in einem neuen Flächennutzungsplan formuliert.« Noch nicht einmal zu diesem
Zeitpunkt war man sich darüber bewußt, daß man
mit der Schaffung des größten italienischen Chemie-
pols mitten im fragilen Ökosystem der Lagune in
eine Falle geraten war. Bis Ende 1993, als die Amtszeit einer neuen, engagierten Kommunalverwaltung
begann, hat man sich an dem alten Plan orientiert.
Mitte der sechziger Jahre war sogar die Nutzung von
weiteren 3000 Hektar vorgesehen. Der Plan wurde
nicht mehr realisiert, weil er in der Zeit vor 1968 in
die Ära der beginnenden politischen Kämpfe fiel.
Die politische Avantgarde, der Philosoph und spätere
Bürgermeister Massimo Cacciari und der Komponist
Luigi Nono fanden sich neben einer fortschrittlichen
Arbeiterschaft in Marghera ein. Neben Mailand und
Turin war Marghera zu einem Ort der heißesten
politischen Kämpfe in Italien geworden. Damals
tauchte zum ersten Mal die Frage nach den gesund-
heitlichen Risiken auf. Vorher, erzählt Cesco Chinello, hatten die Arbeiter Wassermelonen und Bier-
flaschen in den Anlagen für Monovinylchlorid
gekühlt – man kann sich also ungefähr vorstellen,
welche Aufklärungspolitik die Fabrikleitung betrie-
ben hat. Manchmal bewegten sich die Arbeiter im
Sommer wie unbeholfene Schneemänner, wenn der
weiße Schaum aus der PVC-Produktion wieder einmal ausgetreten war. »Bei riskanten Produktionszyklen wurde einfach mehr bezahlt. Das hat natürlich

unter den Arbeitern in Porto Marghera zu einem ziemlichen Wohlstand geführt. Und alle waren zufrieden damit. Aber in diesen Jahren ist auch zum ersten Mal der Gedanke aufgetaucht, daß Gesundheit unbezahlbar ist.«

Anfang der siebziger Jahre hatte Gabriele Bortolozzo zum ersten Mal auf die verheerenden Arbeitsbedingungen und mangelnden Schutzmaßnahmen hingewiesen. Die Fabrikleitung ließ den Störer daraufhin in eine andere Abteilung versetzen. Nach seiner Pensionierung war Gabriele Bortolozzo weiterhin auf täglichen Touren unterwegs, die ihn nun zu den Krankenzimmern seiner früheren Kollegen führten. Denn von den 1800 Arbeitern des »Petrolchimico« waren inzwischen 400 an Leber- und Lungenkarzinom, weitere achtzig Prozent an schweren Atemwegsstörungen erkrankt. Der Fabrikleitung lagen die ersten ärztlichen Untersuchungsergebnisse über die Gefährlichkeit der Produktionszyklen bereits vor. Auch das Verschweigen der wahren Situation hatte der Staatsanwalt später zur Anklage gebracht. Schon 1972 waren die ersten Krebsfälle bekannt geworden. Lungen- und Leberkarzinom bricht manchmal erst nach dreißig Jahren aus. Den vermeintlich sicheren Arbeitsplatz begannen die ersten mit dem Leben zu bezahlen. Aus dieser Zeit stammt die berüchtigte Entscheidung der Behörden, alle 40 000 Arbeiter mit Gasmasken zu versehen. Die eindringlichen Warnungen Gabriele Bortolozzos blieben jedoch bis zu jenem denkwürdigen Treffen mit Staatsanwalt Felice Casson ungehört.

In Gianfranco Bettin hatten beide schließlich einen Weggefährten gefunden. Der Mitbegründer der italienischen Grünen ist heute in dritter Amtszeit angesehener Bürgermeister von Mestre und damit Vizebürgermeister des gesamten Stadtgebiets. In seinem Buch *Petrolkimiko* hat sich Bettin zur Stimme der Opfer von Porto Marghera gemacht. In einem Wohnhaus genau gegenüber der Chemiefabrik ist er aufgewachsen. »Als Kind«, schreibt er, »mußte ich nachts, wenn meine Mutter das Licht gelöscht hatte, zum Weiterlesen nur die Jalousie anheben, und herein drang das rote Leuchten der Fabrik.« Das nächtliche Feuer, das die Nacht zum Tag machte, gehörte in seiner Kindheit genauso zum Alltag wie das Röcheln der erkrankten Chemiearbeiter, von denen es in jeder Familie mindestens einen gab. Um diese Erfahrung zu erzählen, sei er Schriftsteller, um sie zu verändern, Politiker geworden. Ein Kriegsverbrechen in Friedenszeiten nennt Bettin das, was jahrzehntelang im Namen des Profits und des industriellen Fortschritts hier mit Menschen und Umwelt geschah. Für einen, der aus Marghera stammt, sagt Bettin, beginnt die politische Lehrzeit früher als andernorts: Für ihn begann sie mit der Frage, warum in Marghera und nur hier die Pfützen wie irreale Regenbögen schillern und die Erdhügel neben den Häusern manchmal zu kochen beginnen.

»Bortolozzo konnte nicht akzeptieren, daß PVC zwar zu den alltäglichen Materialien der Konsumgesellschaft gehört, sich aber niemand dafür interessiert, unter welchen Bedingungen es entsteht«, meint Gianfranco Bettin. »Die Verantwortlichen in Marghera haben die Produktionsrisiken entweder auf unverantwortliche Weise unterschätzt oder auf zynische Art verdrängt.« Im Verlauf von Cassons Ermittlung hatten sich die Gewerkschaften, um die Arbeitsplätze nicht zu gefährden, sehr abwartend verhalten. Als der Staatsanwalt wegen der mangelnden Sicherheitsvorkehrungen teilweise Schließungen veranlaßte, streikten die Beschäftigten aus Angst um ihre Jobs. Doch die Frage, wieviel Umwelt – und wie viele Menschenleben – der Erhalt von Arbeitsplätzen kosten darf, wurde in Venedig ein- für allemal gestellt.

Dann wurden allmählich die ersten Schritte für eine langfristige Veränderung getan. Die Kommune setzte inzwischen erfolgreich darauf, mit dem neuen Flächennutzungsplan ein umweltverträglicheres Industriekonzept zu entwickeln. Die Giftfabriken müssen aus der Lagune verschwinden – aber davor sollen sie das, was sie verseucht haben, wieder sanieren – diese Haltung hat sich inzwischen in Venedig durchgesetzt.

Der 1995 begonnene Mammutprozeß um Porto Marghera endete im Sommer 2002 und wird trotzdem noch lange nicht zu Ende sein. Staatsanwalt Casson hat Berufung eingelegt. In erster Instanz gab es ein Urteil, das niemand erwartet hatte: Freispruch für die Hauptangeklagten, weil viele der Umweltvergehen laut Gesetzbuch nicht strafbar waren oder es keinen eindeutig Schuldigen gab. Wenige Augenblicke vor der Urteilsverkündung, sagt Casson heute, hat Montedison 250 Milliarden Euro an die Opfer beziehungsweise ihre Angehörigen bezahlt. Noch nicht einmal die Angeklagten selbst hatten an den Freispruch geglaubt.

Felice Casson hat auf der Stelle Berufung eingelegt: Auf den 1500 Seiten der Begründung steht all das, was das Gericht in seinen Augen bei der Urteilsbegründung vergessen hat. Und dann folgt einer jener Sätze, wie ihn nur Staatsanwalt Felice Casson mit seinem unerschütterlichen Gerechtigkeitssinn formulieren kann: »Das Urteil war schlichtweg falsch. Und deshalb mußte ich in Berufung gehen.«

Der Prozeß und die Untersuchung hatten in den letzten Jahren Cassons Leben bestimmt. Er habe immer viel zu tun, sagt er, meistens mehrere Prozesse gleichzeitig, zur Zeit ist wieder eine Anklage wegen *associazione a delinquere*, Verdacht auf Mafiazugehörigkeit, dabei. Hat der Prozeß sein Leben irgendwie verändert? Er kann sich nirgendwo mehr sehen lassen, ohne daß man ihn kennt, neulich sprach man ihn weit weg in Südamerika auf Porto Marghera an. Am ruhigsten lebt er inzwischen in Venedig, mitten in der Stadt. Augenzeugen haben berichtet, daß Casson beim Schlußurteil versteinert sei. Für ihn habe der

Prozeß, unabhängig von seinem vorläufigen Ausgang, deutlich zu einer Bewußtseinsänderung gegenüber Umweltproblemen geführt. Die Menschen seien aufmerksamer geworden, die Behörden führen stärkere Kontrollen durch. »Die Leute haben Angst davor, was passieren kann. Manche Unternehmen hätten ohnehin bei all den Auflagen lieber ganz zugemacht. Natürlich gehen Arbeitsplätze verloren. Aber die werden bei der Bonifizierung des verseuchten Geländes auch wieder neu entstehen. Und das wird in jedem Fall eine positivere Beschäftigung sein.«

Eigentlich wollte er Journalist werden, sagt Casson, und eine juristische Zusatzausbildung während seiner Militärzeit hat schließlich zu seiner Karriere als Staatsanwalt geführt. Seine Erfahrungen in Porto Marghera hat er weitergegeben. An der Universität Venedig hat er in den vergangenen Jahren Umweltrecht unterrichtet und Staatsanwälte aus Rumänien, Bulgarien, Slowenien und Zypern, aus insgesamt 20 Ländern, mit der Problematik vertraut gemacht. Zu den einzelnen Verhandlungen waren zahlreiche Kollegen aus ganz Italien gekommen, aus Bari, Brindisi, Ravenna, Manfredonia. Überall sind ähnliche Giftfabriken angesiedelt, und mit der Erfahrung Venedigs vor Augen hat man sich Gedanken gemacht, wie ein solches Problem rechtlich überhaupt zu lösen sei. Und die Zukunft? Er denkt an ein internationales Tribunal für Umweltrecht, sagt Casson, das aus der

Erfahrung von Porto Maghera lernen soll. »Am Beispiel Venedigs kann man lernen, daß das Streben nach maximalem Profit seinen Preis hat, den am Ende sowohl die Gesellschaft als auch der einzelne zahlt. Diese Logik darf es in Zukunft nicht mehr geben. Und das muß sich im Kopf aller festsetzen – der Menschen, der Politiker und der Staatsanwälte.« Beim Blick auf den Fischmarkt, auf fette Goldbrassen und bläulich schillernde Sardinen, hat Felice Casson zwischen schönem Schein und faulem Innenleben zu unterscheiden gelernt. Zwei der hauptangeklagten Manager wurden nicht mehr belangt: sie hatten vor dem Prozeß wegen der Verwicklung in andere Skandale Selbstmord begangen.

Auch Gabriele Bortolozzo hatte den Beginn des Prozesses nicht mehr erlebt – er starb 1995 in Marghera: Der leidenschaftliche Fahrradfahrer war an einer Kreuzung mit einem Lastwagen zusammengestoßen. Seine beiden Kinder traten im Prozeß, neben Greenpeace und der Stadt Venedig, als Nebenkläger auf. In den detaillierten Aufzeichnungen ist nichts über seine persönlichen Beweggründe vermerkt. Seine Fotos zeigen ein gütiges, wettergegerbtes Gesicht. Vielleicht war Gabriele Bortolozzo einfach ein Mensch, der seine Kollegen schätzte, die Zukunft seiner Kinder sichern wollte und im Dschungel von Marghera gerne Fahrrad fuhr. An der Stelle, an der er starb, wurde ein Fahrradweg nach ihm benannt.

# Der Klang der Lagune

## Eine musikalische Chronik der Stadt

Die Geräusche Venedigs, sagt Liedermacher Gualtiero Bertelli, das sind für ihn die Schreie der Möwen, die Bewegungen des Wassers und die Stimmen der Leute. Auf der Giudecca, wo er 1944 geboren wurde, haben sie sich schon immer mit den Rufen und rhythmischen Gesängen der Fischer vermischt. Vielleicht sind ihm bereits in seiner Kindheit die Geräusche und Laute Venedigs durch die Haut gedrungen, und schließlich hat er sich selbst auf die Suche nach den verborgenen und sogar vergessenen Klängen seiner Heimatstadt gemacht: In seinen Liedersammlungen entstanden die Farben der Lagune, in Klänge getaucht, als Botschaft eines gemeinschaftlichen Lebens, wie es früher einmal war. »Am Rio della Parara, wo ich geboren bin, lagen die Fischerboote«, erinnert sich Gualtiero Bertelli, »die auf der Giudecca immer ziemlich ärmlich waren. Am Morgen kamen die Fischer mit einem einzigen Fang zurück, und den haben sie sofort verkauft. Nur auf der Rückseite der Giudecca konnte man größere Mengen auch mit Netzen fischen.« In den fünfziger Jahren auf der Giudecca leben – das bedeutete, die Umrisse Venedigs mit dem klaren Blick von der Arbeiterinsel aus zu erkennen und die prachtvollen Fassaden nur als Kulisse der realen Welt zu sehen. Noch bis ins 19. Jahrhundert hinein haben sich die venezianischen Adligen zur Sommerfrische auf diese größte Insel der Lagune zurückgezogen. Manche verborgene Gärten in den Innenhöfen sind heute noch Zeugnis davon. Zu Beginn des vergangenen Jahrhunderts sind die Bierfabrik Dreher, die Getreidemühle *Mulino Stucky* und die Junghans-Waffenfabrik auf der Giudecca gleich neben der Schiffswerft entstanden. Die 78 Hektar große Insel war daraufhin zu einer reinen Arbeitersiedlung geworden. »Ich erinnere mich noch, wie in meiner Kindheit die Laute der Fischer aus der Lagune drangen. Vor allem im Sommer oder im Herbst, wenn Makrelen oder Rotbarben gefangen wurden, hat man diese Gesänge gehört, sie klangen wie ein Rufen und die Antwort darauf. Die meisten von ihnen, die sich wirklich noch davon ernähren, leben auf Malamocco – einem Teil des Lido –, auf Burano, Murano, Pellestrina, auch in Chioggia.« In seiner Jugend, erzählt Bertelli, haben die Kinder im Giudecca-Kanal, genau vor dem Canal Grande, schwimmen gelernt.»Was natürlich verboten war, aber aus Gründen der Schicklichkeit, und nicht etwa, weil das Wasser schmutzig war. In den fünfziger Jahren gab es nur Elite-Tourismus in Venedig, der kaum den Weg auf eine Arbeiterinsel fand.«

Heute lebt Bertelli in Mira, einem venezianischen Ort außerhalb der Stadt, dem der Baustil Palladios sein Gesicht verlieh. Die Stationen und Orte seines Lebens könnten nicht typischer sein: Bereits in den sechziger Jahren hatte Bertelli begonnen, eigene Stücke zu komponieren und gleichzeitig nach der vergessenen populären Musiktradition Venedigs zu forschen. Immer mehr eigene, meist sozialkritische Stücke über die venezianische Realität kamen hinzu: Zu den alten Texten hat er die Melodien geschrieben und umgekehrt. Sein bekanntestes Lied, »Nina«, ein nostalgisches Liebeslied, ist so sehr ins Bewußtsein der Venezianer gedrungen, daß man es für ein Lied populären Ursprungs hält.

»Jedesmal, wenn ich nach Venedig komme, sehe ich dieselben Gesichter. Sie sind nur älter geworden – wie ich auch.« Sein Gang durch die Stadt fängt immer beim Campo Santa Margherita an. Allein beim Blick auf das Pflaster falle ihm auf, wie sehr sich das Leben hier verändert hat: Sogar in diesem jungen Stadtviertel um die Universität gibt es keine Kreidezeichnungen der Kinder auf dem Straßenpflaster mehr. Das frühere Kino, beliebtes Ausflugsziel der Jugendlichen von der Giudecca, ist heute ein Supermarkt. Wenigstens hat man mit dem goldenen Hinweisschild ein bißchen guten Geschmack bewahrt. Doch entgegen aller Ankündigungen, daß damit das letzte Kino geschlossen sei – was in das dekadente Bild paßt –, gibt es in Venedig immer noch vier Kinos.

Wir kommen an der Werkstatt von Aldo Trevisanello, Musiker und Rahmenmacher, vorbei. »Die Geräusche in meinem Viertel«, sagt Aldo, der eine Musikgruppe nach traditionellem Vorbild begründet hat, »das sind für mich zuerst die Glocken – die Glocken begleiten und regeln das ganze Leben. Morgens, noch bevor ich aufstehe, höre ich sie. Hier in meiner Werkstatt höre ich die Glocken von San Stefano um 11 Uhr 15 und vorher schon um 9 Uhr 15. Und dann gibt es noch die Glocken, die die Stunden läuten, hier von der Gesuati-Kirche. Ich höre die Schritte der Leute, wenn sie ein paar Worte miteinander wechseln, die Boote, morgens, wenn der Müll geholt wird. Und wenn man an einem Kanal wohnt, hört man auch die Gondolieri. Am lautesten sind natürlich die Motorboote, die übertönen alles andere. Wenn ich jemanden sehen will, dann brauche ich nur zu einer bestimmten Uhrzeit in diese oder jene Gasse zu gehen, um ihn zu treffen. Hier redet man noch auf der Straße miteinander. Auf dem Festland erkennen sich die Leute nur noch an ihren

Autos, und da sie sich so oft ein neues kaufen, wird das jetzt immer schwieriger.«

Nach einem gemeinsamen Kaffee in der nächsten Bar verlassen wir Aldos Werkstatt und machen uns auf den Weg zur Giudecca.

An den Zattere übertönt das abfahrende Boot unsere Stimmen. »Der venezianische Dialekt ist meine Muttersprache«, sagt Bertelli. »Ich spreche und denke auf venezianisch und übersetze dann ins Italienische. In der Vergangenheit waren sogar die Gesetze der Republik Venedig im Dialekt verfaßt, Schriftsteller wie Carlo Goldoni oder Giacinto Gallina haben auf venezianisch geschrieben. Es gibt eine venezianische Schriftkultur. Viele Autoren von heute führen das weiter. Diese Kultur wird also nicht so leicht verloren gehen. Ich hoffe es jedenfalls, vielleicht werden wir alle irgendwann nur noch englisch sprechen und unsere Wurzeln verlieren. Und das wäre wirklich fatal.«

Als das Boot an der Anlegestelle Palanche auf der Giudecca anlegt, ist es, als betrete Gualtiero Bertelli, etwas verloren und nach langer Zeit, wieder Heimatboden. In den letzten Jahren hat sich die frühere Arbeiterinsel sehr verändert. Zwischen halb aufgegebenen Schiffswerften und verwilderten Gärten sind vorbildliche Sozialwohnungen mit atemberaubendem Blick auf die Lagune entstanden. Neben einem Parteibüro mit dem nostalgischen Namen »Che Guevara« hat sich eine winzige Bar versteckt, in denen sein Vater früher, gleich zu Beginn der Arbeit, ein Glas Marsala trank. »Die Giudecca ist keine verlassene Insel, sondern ein Ort, an dem man wirklich und intensiv lebt und wo man das Leben lernen kann, wo es keine Kategorien gibt, sondern Menschen«, schrieb der venezianische Komponist Luigi Nono, dessen Archiv am Ufer der Giudecca untergebracht ist. Bertelli denkt gern an ihn zurück: Luigi Nono war ausschlaggebend für seine eigene musikalische und politische Entwicklung, erzählt Bertelli, er habe seinen Weg entscheidend unterstützt. Hinter der Bierfabrik Dreher gehen wir an blau und grün gestrichenen Booten, Netzen für den Muschelfang und dem ehemaligen Jugendgefängnis vorbei.

1967 hatte Gualtiero Bertelli die heute fast legendäre Gruppe *Canzoniere Popolare Veneto* begründet. »Wenn wir diese alten Lieder nicht gesammelt hätten«, erinnert er sich, »dann würde es dieses Repertoire gar nicht mehr geben. Wir haben damit einen Teil der kollektiven Erinnerung für die Zukunft bewahrt. Heute sind wir uns alle dieser Wurzeln bewußt, weil sie jemand wiederentdeckt und zum Leben erweckt hat. Als wir 1967 mit unserer ersten Liedersammlung »Tèra e Aqua« auftraten, haben die Venezianer sehr viele Lieder ihrer eigenen Geschichte kennengelernt, von deren Existenz sie noch nicht einmal mehr etwas wußten.« »Chronist Venedigs« wird Gualtiero Bertelli seitdem genannt.

Bei unserem Gang zwischen Booten und Häusern

hindurch, den Blick auf die Lagune gerichtet, ist es, als schweife Bertelli immer mehr in die Geschichte Venedigs zurück, die auch seine eigene Geschichte ist. »Die venezianischen Volkslieder handeln vor allem von der Arbeit: Es gibt Lieder über den Fischfang, wie man die Netze hochzieht oder Makrelen fängt, und genauso gibt es Lieder über die Brotverkäufer. Sie handeln einfach vom Leben hier, vom Alltag. Die Fischerlieder sind vor allem auf der Insel Pellestrina und in Chioggia entstanden. Meistens beschreiben sie ganz genau, was man in der Lagune wahrnimmt und erlebt. Von den zahlreichen *Peregrinazioni lagunari*, diesen Fahrten durch die Lagune, ist ein bekanntes, wunderschönes Lied erhalten. Es erzählt von einer phantastischen Reise durch die Inselwelt im 17. Jahrhundert, das Original ist als Handschrift im *Museo Correr* aufbewahrt. Diese Fahrt geht zur Karnevalszeit von Marghera nach Chioggia, um in Chioggia schließlich Faschingskrapfen zu kaufen.« Wir gehen über die kleine Brücke zwischen dem *Mulino Stucky* und der Bierfabrik. An der Seitenwand des Kanals sind ein paar Holzboote festgemacht.

Mit einem rhythmischen Klopfen gegen die blaue Bootswand ahmt Gualtiero den Rhythmus der Lieder nach. »Es gibt zum Beispiel ein Lied, das die Fischer sangen, wenn die Pfähle in den Grund der Lagune gerammt wurden. Jede Arbeit, die eine gemeinsame Anstrengung notwendig macht, wird von Liedern begleitet. Wenn die Lieder nicht unmittelbar die Arbeit begleiten, sind sie in ihrem Rhythmus freier und ahmen darin die Weite der Lagune nach.« Das ungewöhnliche Dasein in der Lagune hat nicht nur das Leben der Menschen, sondern auch ihre Musik bestimmt. Plötzlich ist es, als habe die leise Bewegung des Wassers den Klang der Musik und einer fast verlorenen Erinnerung angenommen. Die Farben der Lagune sind nicht mehr grün und grau, sondern wehmütig und tief: Die Steine haben einen Dialog mit dem Wasser begonnen. »Ich erinnere mich an ein Lied mit einer kuriosen Geschichte«, sagt Bertelli, »in der Osteria saß damals ein Mann, der mit dem Weinglas auf den Tisch klopfte und dazu sang. Wir haben ihn nach der Herkunft des Liedes gefragt. Er erklärte uns, das Lied sei entstanden, weil die Boote in der Lagune immer einen Halbkreis bildeten, der von einem großen Netz geschlossen wurde. Und von Boot zu Boot sangen die Fischer, und vom nächsten kam die Antwort, und alle klopften dabei auf das Holz der Boote. Die Fische sollten durch das Klopfen weggescheucht werden und genau im ausgespannten Netz auf der anderen Seite landen. Das war also der Sinn – die Bewegung der Hände sollte die Fische verjagen.«

Die meisten venezianischen Volkslieder sind mit dem Fest zu Ehren des *Redentore* entstanden, das zum ersten Mal nach der Pest, am 21. Juni 1578, stattgefunden hatte. Damals hat die Regierung der *Serenissima* das Gelübde abgelegt, daß sie nach dem Ende der Schwarzen Pest eine Kirche, den *Redentore*, als Erinnerung und Dank errichten würde. Seitdem wird dieses sakrale und gleichzeitig profane Fest gefeiert. Ein einziges Mal im Jahr, am 21. Juni, wird dann zwischen der Giudecca und den Zattere eine Brücke gelegt, und auf allen Booten finden die ausgelassensten Feiern statt. »Venedig kommt als Ort in den Liedern nie vor, sondern immer nur *»Il Redentore«*, weil dieses Fest das Leben der Leute bestimmt hat. Das Volk hat das ganze Jahr über gespart, damit man zum *Redentore*-Fest so richtig auf dem Boot feiern konnte. Und damals sind auch diese Lieder entstanden.« Es sind ryhthmische Klänge, mit der Heiterkeit der Lagune, die sich gleichzeitig an der Realität Venedigs orientieren. Heute wird in den Gondeln meist *O sole mio, Volare* und *New York, New York* gesungen, die alten venezianischen Lieder kennen teilweise die Venezianer selbst nicht mehr.

»Gesammelt habe ich die Lieder immer, wenn sich viele Menschen trafen, bei Festen oder in den Osterien. Vor sechs Jahren habe ich eine ganze Nacht die Lieder beim *Redentore*-Fest auf der Giudecca aufgenommen. Manchmal sagte auch jemand, geh mal zu dem, der kennt noch die volkstümlichen Lieder. Ich habe dann den Leuten erklärt, daß ich Liedermacher bin und die alten Lieder sammle. Wenn die Leute verstehen, was man will, fangen sie zu erzählen an. Am Anfang wollten wir Material sparen und haben den Recorder ausgeschaltet, wenn die Leute nur erzählten. Aber dann haben wir verstanden, daß das, was sie sagten, mindestens ebenso wichtig war wie das, was sie sangen.

In den Liedern aus Venedig selbst kommt das Meer gar nicht vor, weil Venedig immer eine Handelsstadt war, eine bürgerliche Stadt, wo in manchen Stadtteilen wie in Castello oder Dorsoduro auch viele Handwerker und das Dienstpersonal lebten.

Manchmal taucht dann schon ein Boot auf, aber um die Lagune geht es nie, die ist nur Thema in den Liedern von den Inseln.« Die Fischer haben noch eine Erinnerung an diese alten Lieder, meint Bertelli, gesungen werden sie jedoch heute nur noch selten. Aber vielleicht hat man Glück und hört die Lieder beim *Redentore*-Fest oder bei einer Hochzeit. So ist das Leben in unserer Zeit – um acht Uhr gehen alle Leute nach Hause, um den Abend vor dem Fernseher zu verbringen.

»Im Stadtzentrum sind im 17. und 18. Jahrhundert dagegen vorwiegend die *Villotte* entstanden, das sind Liebeslieder in mehreren Strophen, und die *Furlane*, Wechselgesänge aus einer Strophe und der Antwort darauf. Aus der ersten Hälfte unseres Jahrhunderts stammen die Lieder über den Krieg: *Addio Venezia Addio* zum Beispiel, das hat meine Mutter gesungen, und die hatte es von ihrer Mutter. Dieses Lied erzählt, wie die Menschen im Ersten Weltkrieg wegen der Bombardierung Venedig verlassen mußten. Es ist eines der bekanntesten venezianischen Volkslieder, das bei allen möglichen Anlässen heute noch gesungen wird. Es gibt Lieder aus dem Gefängnis und eine ganz große Anzahl von venezianischen Wiegenliedern. Das Spektrum reicht von fast atonalen Stücken, die sehr archaisch klingen und die Bewegungen des Wassers in der Lagune nachahmen, bis zu solchen, die sehr lyrisch sind. Nach der Arbeit saß man draußen auf den Plätzen des Stadtviertels und hat Musik gemacht. Aber jemand aus Dorsoduro ging nicht einfach nach Castello, in Cannaregio kam keiner auf die Idee, zur Salute-Kirche zu gehen, man lebte ganz im eigenen Viertel. Und es gab die Osterien, die alle einen kleinen Garten hatten. Vor dem Abendessen haben sich die Leute dort getroffen und gesungen, auch die Frauen. Das Lied der Frauen, die Perlen auffädeln, oder das der Weberinnen sind bei Streiks entstanden. Es sind Lieder über den Klassenkampf.«

Zu den *Villotte* wurde im 19. Jahrhundert auf allen Plätzen Venedigs getanzt. Ein Chronist der Zeit berichtet, daß sich die Frauen auf den Plätzen der Stadtviertel getroffen haben, die Älteste in der Gruppe das Cembalo dazu spielte und alle anderen tanzten und sangen. Die *Villotte* hatten einen klassischen Rhythmus und sechs Oktaven, und sie erzählten, manchmal spöttisch und heiter, vor allem Themen des venezianischen Lebens. »In einem Lied heißt es zum Beispiel, mein Geliebter will mich verlassen, aber ich bin Modistin. Und das bedeutete – ich bin unabhängig. Das gemeinsame Thema dieser Lieder war, daß die venezianischen Frauen sehr entschieden auf ihrer Unabhängigkeit bestanden.«

Viele venezianische Wörter verschwinden langsam, und man hört sie nur noch in den Stadtvierteln, wo einfache Leute wohnen, da, wo die mündliche Erinnerung reicher und vielfältiger erhalten geblieben ist.

»Zwischen dem Markusplatz und dem Stadtviertel Castello im Norden liegen Welten«, erzählt Bertelli. »Und wie unterschiedlich diese Welten sind, das kann man an den Geräuschen und Lauten erkennen, die man wahrnimmt, auch an den Ausdrücken, die man im jeweiligen Stadtviertel benutzt.«

In Porto Marghera, der zerstörerischen Gegenwelt zur Lagune, die doch in und aus ihr lebt, hat Bertelli einen wichtigen Teil seiner eigenen politischen und musikalischen Lehrzeit erlebt. »In Porto Marghera kämpfte in den sechziger Jahren die fortschrittlichste Arbeiterklasse Italiens. Hier sind viele Lieder entstanden, die heute Allgemeingut sind. Von den gescheiterten oder gelungenen Tarifverhandlungen mit den Chemie- und Metallarbeitern hing damals das Schicksal der Regierungen ab. Mein Lied *Vedrai com'è bello*, eine zynische Hymne auf die Fabrikarbeit, habe ich in der Nacht nach einem Streik geschrieben, als wir verstanden haben, daß die Chemiefabriken von Porto Marghera Menschenleben und den Tod der Lagune fordern.«

Die Suche nach der traditionellen Volkskultur, sagt

Bertelli, führt immer zu den eigenen Wurzeln zurück. »Ganz sicher gehört zur Volkskultur all das, was Teil der mündlichen Erinnerung ist, was sich mit Ereignissen, Daten, Lebensgewohnheiten eines bestimmten Teils der Bevölkerung verbindet. Selbst neue Lieder der sechziger, siebziger oder achtziger Jahre, die für eine bestimmte Gruppe oder Ethnie eine Bedeutung haben, sind populäre Musik, auch wenn sie nicht immer unverfälscht ist. In ganz reiner Form ist kein traditionelles Lied erhalten geblieben. In einer schnellebigen und technisierten Welt wie der unseren bleibt das nicht aus. Natürlich müssen wir in unserer Zeit aufpassen, daß wir am Ende nicht in einer Welt leben, in der eine Kultur die Oberhand gewinnt und die anderen zerstört. Der Gedanke erschreckt mich zutiefst. Deshalb ist es so wichtig, die traditionelle Musikkultur wiederzubeleben. Aber ich meine nicht, daß man die Lieder nur hören sollte, wie man sich etwa ein altes Möbelstück ansieht. Wir müssen immer die Verbindung zur eigenen Geschichte suchen. Das ist eine Art Widerstand gegen die Gleichmachung der Globalisierung.«

Die venezianischen Volkslieder sind Ausdruck eines gemeinschaftlichen Lebens und jeder hatte seinen Part. »In seiner Vergangenheit war Venedig eine Oligarchie«, erklärt Bertelli, »und wurde von wenigen adligen Familien regiert. Aber wenn der Fischer und der Patrizier vor dem Gericht erschienen, dann hatten beide gleiche Chancen, Recht zu bekommen.

Und das war ungewöhnlich für diese Zeit.« Er sei nicht nostalgisch, sagt er am Ende unseres Spaziergangs, aber diese Lieder seien Teil der Geschichte. Und die venezianische Geschichte sei ein Teil von ihm. Irgendwann werde er sich nur noch damit beschäftigen, nicht jetzt, vielleicht in hundert Jahren, sagt er, wenn er erwachsen ist.

»Mit unserer Arbeit wollten wir den Menschen etwas von ihrer Musiktradition zurückgeben, die fast schon verloren war. Ich muß dann immer wieder daran denken: Wenn irgendwo am Amazonas genau in diesem Moment ein Baum fällt und niemand ist Zeuge – was ist dann mit dem Baum passiert? Und vielleicht sind in genau diesem Augenblick in Venedig Tausende Lieder verlorengegangen. Wenn jemand ein Lied singt, und niemand hat zugehört – hat dieses Lied dann wirklich existiert?«

Die typischen Geräusche Venedigs, die Stimmen, die Glocken, die Bewegungen des Wassers, haben die Jahrhunderte überlebt.

# Was das Wasser bewegt

**Wie die Umweltvereinigung *Pax in aqua* ein venezianisches Wunder bewirkt hat**

Von Paolo Lanapoppis Studio im Stadtviertel Castello aus sind die beiden Löwen des Arsenals zu sehen. Er ist eine stadtbekannte Persönlichkeit, einer, der sich nach seinem Buch über die Mafia und den Jahren in den USA, wo er an einer Universität lehrte, für die Rettung der Lagune eingesetzt hat. Heute ist er Präsident der Umweltvereinigung »*Pax in aqua*« und hat sich wie kaum ein anderer mit der Geschichte der Lagune befaßt. Ich besuche ihn an einem Sonntag nachmittag: Auf dem großen Holztisch in seiner Küche hat Paolo die Landkarte von der Lagune Venedigs ausgebreitet und fängt an zu erzählen: »Die Lagune von Venedig ist wie die Lagune in der Camargue oder in den amerikanischen Everglades ein äußerst empfindliches Ökosystem. Hier leben

Zugvögel, hier gibt es eine spezielle Fauna und Flora, die ganz häufig geschützt ist. Venedig hat aber eine besondere Schwierigkeit, die einmalig auf der Welt ist: Mitten in der Lagune liegt eine Stadt, ein antiker Stadtkern, heute sogar noch eine moderne Stadt. Venedig kann man ausschließlich über das Wasser erreichen. Die Lagune von Venedig konnte daher nicht in diesem unberührten Zustand bleiben wie andere Lagunen, sie mußte auch die negativen Folgen der menschlichen Besiedlung erdulden. Bis in unser Jahrhundert hinein war das kein so großes Problem, weil sich die Menschen auf Ruderbooten in der Lagune bewegten. Mit dem wirtschaftlichen Aufschwung tauchten die ersten Motorboote auf, deren Motoren von Propellern bewegt wurden. Je reicher die Stadt und ihre Bewohner wurden, desto größer wurden auch die Boote.

Es ist noch gar nicht so lange her, Ende des 19. Jahrhunderts, daß eine französische Firma mit den *vaporetti* den Personenverkehr auf dem Canal Grande organisierte. »Die Gondolieri zettelten natürlich einen Aufstand an, weil sie dadurch einen guten Teil ihres Verdiensts verloren. Aber nach ein paar Turbulenzen haben sich alle wieder beruhigt. Mit dem wirtschaftlichen Aufschwung der sechziger und siebziger Jahre folgte dann der Boom der Motorboote. Das war die Einleitung«, schließt Paolo fast atemlos, »und jetzt können wir losgehen, um uns alles genau anzusehen.«

In der Nähe des Arsenals kommen wir an Häuserfassaden mit deutlich sichtbaren Rissen vorbei, und bei jedem Schritt fällt Paolo eine neue Geschichte ein. Vor ein paar Tagen gab es wieder Hochwasser in der Stadt – neunzig Tage ist Venedig im Winter davon bedroht –, und das sind dann die Bilder, die als größte Gefahr für die Stadt um die Welt gehen. Sie verstellen den Blick für das, was Venedig wirklich gefährdet.

»Das Hochwasser ist lästig für die Venezianer, es wirkt sich auf die Lebensqualität aus, man muß Gummistiefel anziehen, ständig die Böden aufwischen, wenn das Wasser wieder zurückweicht. Es ist auch eine wirtschaftliche Einbuße, weil die Läden geschlossen bleiben. Aber es wirkt sich nicht auf die physische Existenz der Stadt aus. Hochwasser hat es schon früher gegeben, wenn auch seltener, weil das Wasser jetzt durch die verbreiterten *bocche di porto*, die Mündungen zum Meer, leichter in die Lagune eindringen kann. Aber der *moto ondoso*, der erhöhte Wellengang, den die Motorboote verursachen, hat viel schlimmere Folgen: Die Mauern der Häuser stürzen ein, die Ufer und die Ränder der Inseln werden weggerissen. Um diese zu reparieren, werden die Ufer zementiert oder mit Palisaden aus Eisen versehen. Das sind jedoch Materialien, die nicht ökologisch sind und die außerdem das gesamte Aussehen der Landschaft verändern. Bereits in den sechziger Jahren haben die Venezianer, die direkt an den Kanälen wohnen, angefangen, dagegen zu protestieren — aber von öffentlicher Seite hat man nicht einmal reagiert. Niemand nahm die frühen Zeichen ernst. Zu Beginn der neunziger Jahre hatte das Phänomen dann bereits bedrohliche Formen angenommen, weil die ersten Ufer weggerissen wurden. Und dann passierten Episoden wie diese: Auf der Giudecca ging eine Signora einkaufen, als sich vor ihr die Erde auftat und sie in ein Loch stürzte.« Wir kommen an schmalen Kanälen vorbei, auf denen sich bereits am frühen Vormittag die Boote stauen. Warum sind die Motorboote so gefährlich für die Stadt? »Die Motorboote bewirken einen Strudel unter Wasser. Das Ufer und das Fundament der Häuser sind unter Wasser mit Steinen bedeckt, die zementiert sind. Der Sog saugt zuerst den Zement weg, dann wackelt der erste Stein und bricht weg. Dadurch werden auch die darunterliegenden Steine anfälliger, und es entstehen Hohlräume. Wenn man also im Erdgeschoß wohnt, kann es irgendwann passieren, daß unter dem Boden ein Loch entsteht. Und genau das ist hier beim Arsenal passiert.« Wir beschließen, einen Spaziergang zu den Schäden der Neuzeit zu machen. »Hier, siehst du diese Mauer bei den Giardini — da hat eine Frau angerufen und gesagt, sie höre jedesmal so ein Gluckern, wenn ein Motorboot vorbeifuhr. Von außen sah man gar nichts, aber das Fundament war bereits ausgehöhlt. Ein Ufer der Giudecca ist schon eingebrochen, außerdem ein Ufer bei den Giardini und eine Mauer in Castello. Die Leute, die am Canal Grande wohnen, waren sehr besorgt, weil der Bootsverkehr auf dem Kanal äußerst intensiv ist und sich an den Fassaden der Paläste immer mehr tiefe Risse zeigten. Draußen in der Lagune werden die Kanäle breiter, weil ihr Boden aus Sand ist. Der Sog der Motoren bewirkt diese Erosion. War ein Kanal ursprünglich einmal zwei Meter breit, dann war er nach ein paar Jahren vier Meter breit. Das hat Konsequenzen für den Wasserlauf, auch auf das Hochwasser. Aber die Proteste in der Vergangenheit haben nie zu etwas geführt.«

Wir stehen an der Bootsanlegestelle von San Zaccaria. Vor uns rauschen *vaporetti*, Taxis und private Motorboote vorbei. Natürlich ist der Canal Grande die Hauptverkehrsader der Stadt. »Da gibt es einmal den Personenverkehr, der in der Hauptsache Touristen transportiert, und die Wassertaxis. In der Stadt fahren 230 Taxis herum, und auf den inneren, schmalen Kanälen fällt das Mißverhältnis zwischen der Breite der Kanäle und der der Taxis mit ihren 200 PS, die sie zur Hälfte ausfüllen, schon auf.« Ich frage Paolo, ob es keine Geschwindigkeitsbegrenzung gibt.

»Inzwischen schon – es gab sie auch früher, aber niemand hat sie beachtet. Noch zu Beginn der neunziger Jahre herrschte das totale Chaos. Es gibt Fotos von ganz hohen Wellen auf dem Canal Grande – wie bei Windstärke 3. Auf dem Canal Grande, der den

Venezianern lieb und teuer ist, gab es ein Minimum an Kontrollen, aber auch nur sporadisch und nur am Tag. Und das ist so geblieben – die Kontrollen reichen nicht aus. In der Nähe der Kommune am Rialto hat das *Centro Maree* ein Meßgerät aufgestellt, das die Höhe der Wellen mißt. Tagsüber sind die Wellen dreißig Zentimeter hoch, und nachts plötzlich, wenn es ruhig ist, werden sechzig Zentimeter registriert. Das ist eben ein Taxi, das mit Höchstgeschwindigkeit vorbeirast.«

Wie viele Bewohner der Stadt, denen das Schicksal Venedigs am Herzen liegt, klagt auch Paolo Lanapoppi darüber, daß man mit solchen Initiativen bei der Mehrheit der Bürger auf wenig Gegenliebe stößt. Die Venezianer, bedauert er, achten kaum auf ihre Stadt. Im Gegenteil, sie beuten sie auf brutalste Weise aus. »Wer Venedig schützen und retten will, das sind eine Handvoll Intellektueller. Den Händlern und Hotelbesitzern, die am Tourismus verdienen, paßt das alles sehr gut.«

Wir nähern uns dem Markusplatz: Für die Lizenz eines der Verkaufsstände ließe sich in jeder anderen europäischen Stadt eine Mehrzimmerwohnung kaufen.

Dieser sorglose Umgang der Venezianer mit ihrer Stadt, findet Paolo, hat oft mit fehlendem kulturellen Hintergrund und dem Bildungsstandard zu tun. Venedig lebt wirtschaftlich vom Tourismus. »Das Sagen haben hier Händler, Hotel- und Restaurantbesitzer. Und die haben – ich will das jetzt nicht verallgemeinern – normalerweise wenig kulturelle Interessen. Sie kennen die Geschichte Venedigs zu wenig, um ein Gefühl für Ästhetik zu entwickeln. Der Taxifahrer will so viele Fahrten am Tag wie möglich machen. Wenn irgendwann ein Ufer weggerissen wird, dann wird es schon jemanden geben, der es wieder instandsetzt. Der Hotelbesitzer hat jedes Interesse, daß das Taxi innerhalb von drei Minuten da ist und die Koffer seiner Gäste zum Hoteleingang transportiert. Der Transporteur will soviel wie möglich transportieren. Auch die großen Passagierschiffe, die *Lancioni Gran Turismo*, sind eine Gefahr für die Stadt. Sie haben in den letzten zehn Jahren gewissermaßen eine Marktlücke entdeckt.« Wir fahren mit dem *vaporetto* zum Tronchetto, dem Umschlag- und Ladeplatz der Stadt. »Die großen Busse mit den ausländischen Touristen kommen am Tronchetto an. Auf dieser Insel gibt es eine Haltestelle für das *vaporetto*, das zum Markusplatz fährt. Auf dem Tronchetto gibt es inzwischen eine ziemlich große Gruppe von 400 bis 500 Leuten, die diesen Touristenstrom ausnutzt. Sie weisen die Autos auf die Parkplätze ein und tragen Mützen, die denen der *vigili*, der Stadtpolizei, sehr ähnlich sind. Sie schicken die Touristen, die sich nicht auskennen, in die Glasfabriken von Murano und in ihre Restaurants. Die Tagestouristen wollen aber vor allem zum Markusplatz. Also fing man irgendwann an, dafür

Schiffe zu bauen – die *Lancioni Gran Turismo*. Sie haben natürlich eine Fahrerlaubnis, die aber von der *Capitaneria di Porto* – das heißt dem Marineministerium – stammt. Wenn das Schiff den Sicherheitsvorkehrungen entspricht, dann bekommt man die auch. Ein paar Kanäle in Venedig gelten als maritim, und der Giudecca-Kanal ist nach dieser Definition schiffbar. Über diese maritimen Kanäle bestimmt nicht die Kommune, sondern das Marineministerium. Diese großen Schiffe dürfen nur nicht im Stadtgebiet anlegen.

Der größte Teil der Besucher, Tagestouristen, kommt mit dem Bus auf dem Tronchetto an. Es gibt ja nur zwölftausend Hotelbetten in Venedig, aber dreißig- bis vierzigtausend Besucher am Tag und fünfzigtausend und mehr im Sommer. Auf der Insel Tronchetto gibt es inzwischen 107 große Schiffe, die zwischen dem Tronchetto und dem Markusplatz hin- und herfahren und den *moto ondoso* und größtmöglichen Schaden anrichten. Das Ufer der Zattere wurde vor ein paar Jahren bereits für ein paar Millionen aus den Sondermitteln für Venedig instandgesetzt und ist jetzt schon wieder kaputt. Der Schiffsverkehr ist einfach zu intensiv.«

Für die Kontrollen, erklärt Paolo, gab es ein ganz großes Problem: Die Boote mußten erst einmal Nummernschilder bekommen. »Mit Nummernschildern konnte man endlich auch feststellen, wie viele Boote es überhaupt in Venedig gibt. Man hatte mit ein paar tausend Anfragen gerechnet: Es waren 21 000 private Boote, die mit mehr als zehn PS in Venedig und der Lagune herumfahren. Dazu kommen 5000, die keine Nummer brauchen. Also gibt es hier etwa 26 000 private Boote – allein der Venezianer.« Er weiß, wovon er spricht, weil er selbst ein Boot besitzt. »Am Sonntag fahren alle auf der Suche nach Einsamkeit in die Lagune. Dann sieht man dieses aufgewühlte Wasser, das die Boote verursachen, die mit Höchstgeschwindigkeit hintereinander in die Lagune rasen, gesteuert häufig von 14- und 15-jährigen mit Motoren von 100 PS. Hierher zum Beispiel, auf die Insel Sant'Erasmo, wollen am Sonntag alle, alle 25 000.

Aber noch viel gefährlicher sind die Boote der Leute vom Festland, aus Treviso, Padua und Pordenone. Viele dieser reichen Leute leisten sich große Motorboote, die sie mit dem Autoanhänger hierher transportieren. Da stehen dann Spezialkräne, die die Boote in die Lagune hieven. Über diese kleinen, schmalen, schilfgesäumten Kanälchen stürzen dann alle Motorbote in die Lagune hinein. Es sind enorme Boote mit stärksten Motoren, an ihrem Steuer Leute, die nicht das Geringste vom Meer und vom Wasser verstehen, oft ohne Führerschein. Sie fahren einfach nur schnell, lachen und sind glücklich. Wenn man ihnen mit einem kleinen Boot in die Quere kommt, dann grüßen sie freundlich und merken gar nicht, daß man fast gekentert wäre. Von 9.30 bis 11 Uhr fahren ein paar tausend Boote in die eine Richtung, von 18 bis 19 Uhr alle in die andere zurück.«

In der Vergangenheit waren die politischen Köpfe der alten Republik für ihre Weitsicht, die dem Erhalt der Lagune zugute kam, berühmt. Wie sieht es heute damit aus?

»Im Gegensatz zur Vergangenheit der Stadt, als es nur eine einzige Behörde für die Aufsicht über das Wasser gab, ist heute alles aufgeteilt. Die Kommune ist für die inneren Kanäle Venedigs und für Murano zuständig. Der *Magistrato alle acque* ist für die *acque periferiche* zuständig, also die Lagunenränder, die Ufer. Der Zustand der *Fondamente Nuove* untersteht ebenfalls dem *Magistrato alle acque*. Die *Capitaneria di Porto* wacht nur über die sogenannten schiffbaren Kanäle.«

Wir stehen vor der Salute-Kirche, als Paolo eine besondere Geschichte einfällt, die schließlich der ganzen Angelegenheit eine entscheidende Wende gegeben hat.

»Hier, vor der Salute-Kirche, riskiert man mit dem Ruderboot unterzugehen. Vor zwanzig, dreißig Jahren war man hier noch mit dem *sandalo* unterwegs. Danach mit der *sanpierota*, jetzt geht es nur noch mit der *caorlina*. Das Gebiet vor San Marco ist heute für Ruderboote verboten. Die Rudervereine waren irgendwann einmal wirklich aufgebracht, weil es gegen ihre Interessen ging. Und so haben sie eine Vereinigung gegründet, um zusammen mit dem Bürgermeister den *moto ondoso* zu bekämpfen. 1995 wurde dann *Pax in aqua* gegründet, und ich habe ein Programm präsentiert und von 1998 an begonnen, vieles neu zu organisieren. Wir haben also verschiedene Symposien abgehalten und eine erste Demonstration vor der Salute-Kirche: Wir haben Kerzen angezündet und sind alle mit dem Boot zur Salute gefahren – es war die reine Ironie – um die Madonna zu bitten, Venedig vor dem *moto ondoso* zu schützen. Niemand half uns – also mußte es die Madonna tun.« Damals hat *Pax in aqua* eine Karte mit den verschiedenen Geschwindigkeitsbegrenzungen auf den unterschiedlichen Kanälen, mit verschiedenen Farben gekennzeichnet, veröffentlicht, die in der Stadt mit großem Erfolg aufgenommen wurde. Auf der Rückseite waren die einzelnen Regeln dazu vermerkt. »Manchmal, wenn dann jemand von der Stadtverwaltung zu unseren Veranstaltungen kam, konnte man ihrem Blick ablesen, daß sie uns nicht mehr ertrugen.«

Natürlich waren die Taxifahrer die ersten, die gegen eine Geschwindigkeitsbegrenzung geklagt haben. Damals, erzählt Paolo, haben die Leute mit großer Skepsis reagiert, wenn überhaupt jemand das Thema *moto ondoso* angeschnitten hat. Aber allmählich ist es ein öffentliches Thema geworden. »Zuerst mußten wir uns immer anhören, es sei eine verlorene Schlacht, weil dahinter die wirtschaftlichen Interessen der Berufsverbände stünden, und mit denen lege man sich nicht an. Aber wir haben gesagt, wenn wir aufhören, werden die wirtschaftlichen Interessen gewinnen.«

Mit der *Regata storica*, der traditionellen Regatta, im Jahr 2000 trat endlich die große Wende ein.

»Die *Regata storica* wird ja direkt im Fernsehen übertragen, und in den Pausen wissen die nie, was sie zeigen sollen. Das war die Gelegenheit. Wir mußten nur noch die Besitzer der Paläste am Canal Grande davon überzeugen, unsere Transparente aufzuhängen. Wir haben ein bißchen Geld zusammengekratzt und hundert Laken bedrucken zu lassen. Die Aufschrift war zwar aus Versehen hellblau, aber was soll's. Natürlich konnten wir in den Palästen nicht einfach Laken aushändigen, wir mußten auch noch die Schnur dazu liefern und Holzleisten, damit sie nicht wegwehten. Na ja, und wenn die Holzleisten jemandem auf den Kopf gefallen wären, wäre ich natürlich im Gefängnis gelandet ...« Paolo ist immer noch aufgeregt, wenn er nur daran denkt. »Aber das schlimmste war, die Besitzer der Paläste zu kontaktieren. Zuerst haben wir es natürlich über persönliche Kontakte versucht und ein Flugblatt über unsere Aktion eingeworfen. Zu unserem Glück sind die Besitzer der Paläste sehr aufgebracht über die Motorboote, nicht nur wegen der Schäden, sondern auch, weil man nicht mehr zum Kanal hinaus schlafen kann. Es ist nachts unglaublich laut da.

Manchmal hatten wir es eben mit den üblichen Snobs zu tun, die gesagt haben, was, an diesem Tag, das meinen Sie doch wohl nicht ernst. Für diese Gelegenheit haben wir Gobelins, dreihundert Jahre alt, und zwar eine ganze Truhe voll. Und jetzt kommen Sie mit Ihren Bettüchern an. Da haben wir die Laken umbenannt. Sie hießen dann *stendardi* – Banner. Das klang schon besser. Dann die Schwierigkeit, die Laken abzuliefern. Um zehn geht es nicht, aber vielleicht um elf. Wir hatten das ganze Boot voller Laken und Holzleisten. Gnädige Frau, gestatten Sie? – Aber daß ihr die ja wieder abholt! Wir waren vierzehn Tage lang ohne eine einzige Pause unterwegs.«

Paolo spürt heute noch den Triumph, wenn er an die Szene von damals denkt: »Am Tag der *Regata storica* wußten alle von unserer Aktion. Die Fernsehkameras waren schon da, und genau in der Zielgeraden hat eine Signora zwölf von unseren Laken an die Fassade ihres Palasts gehängt. Jede Fernsehkamera, die auf das Ziel gerichtet war, hatte unsere Transparente im Blick. Und eine Journalistin hat schließlich den Bürgermeister gefragt, was das für eine Geschichte mit dem *moto ondoso* sei. Da hat der Bürgermeister endlich zugegeben, daß das ein verheerendes Problem für die Stadt sei und man etwas dagegen tun muß. Er hätte auch schon eine Idee. Und er hat erreicht, daß er, wie zuvor der Bürgermeister von Mailand wegen des extremen Autoverkehrs, zum *Commissario delegato* mit Sondervollmachten ernannt und mit einem Extra-Budget ausgestattet wurde. Plötzlich hatte jeder den Eindruck, die Stadt würde gleich zusammenbrechen – ein Notfall, wie er dringlicher nicht sein könnte. Und es war ganz wichtig, daß der Bürgermeister Sonderbefugnisse bekam und diese ganzen sinnlosen Aufteilungen ein Ende hatten. Er kann also jetzt über alle anderen Behörden hinweg besondere Regeln für Venedig erlassen. Natürlich haben wir ihn weiterhin mit Anfragen überhäuft. Bislang hat er sieben Verordnungen erlassen, die wir jedesmal kommentieren. Außerdem hat er ein besonderes Budget vom italienischen Staat. Die Bilanz, die wir heute ziehen, ist recht positiv. Die Lagune ist schon nicht mehr in einem so schlimmen Zustand wie noch vor ein paar Jahren. Die Provinz hat auf unseren Druck Schilder mit den Geschwindigkeitsbegrenzungen aufgestellt. Zum ersten Mal seit 100 Jahren gibt es Hinweise auf allen Kanälen, wie schnell man fahren darf – in Kilometern zwar, was eine Schande ist, weil man ja in Knoten rechnet – außerdem häßlich und zu wenige, aber immerhin. Es gibt erste Kontrollen, fünf Telelaser wurden installiert. Auf dem Canal Grande gibt es keine hohen Wellen mehr. Nachts zwar noch, aber am Tag fahren alle langsam. Wenn man erwischt wird, kann das Boot von den *vigili* beschlagnahmt werden. Wir haben noch einen weiten Weg vor uns, aber der Anfang ist gemacht: Es ist endlich etwas passiert.«

# Die fremden Venezianer

## Ausländer in der Stadt

Ob Tasso und Tancredi wissen, daß sie in einem paradiesischen Garten zu Hause sind? Bei San Sebastiano fällt die Abendsonne über die hohe Mauer in den Garten des Palazzo herein und schaut den beiden Cockerspaniels beim Spielen zu. Dorsoduro, das Viertel an der Accademia-Brücke, liegt in einem besonderen Licht. »Harter Rücken« heißt es wörtlich übersetzt, weil es auf vielen festen Fundamenten erbaut ist. Heute gibt es immer noch viele kleine Handwerksbetriebe hier, das Gebiet um den Campo Santa Margherita ist durch die Nähe zur Universität besonders beliebt. Gegenüber der Kirche von San Sebastiano erstreckt sich eine niedrige Reihe von Palazzi am Kanal entlang. Im Abendlicht spiegeln sie sich im Wasser. Bescheiden, alltäglich, ein bißchen von der ständigen, manchmal gefährlichen Nähe zum Wasser verwittert, tauchen die Eingänge der Paläste zu dem schmalen Seitenkanal auf. Wie überall sind die venezianischen Häuser nach einem jeder Logik widersprechenden System numeriert. Ein Innenhof, um einen steinernen Brunnen, üppige Ranken, von hohen Mauern umgeben, wie er in den arabischen Ländern üblich ist. Es ist, als wurde hier vor langer Zeit ein Innenraum geschaffen für die intimeren Blicke, wenn sich die Augen der Bewohner nicht in der Weite über dem Wasser verlieren wollen.

Wenn Jerôme-François Zieseniss seine Besucher durch den Innenhof und später durch die Räume seines Palazzo führt, wirkt es, als gingen seine Interessen für Kunst und Geschichte eine perfekte Symbiose mit seiner venezianischen Alltagswelt ein. 7500 Ausländer aus 122 Nationen leben in der Stadt, und viele von ihnen haben kunsthistorische Interessen oder das spezielle Lebensgefühl hierher geführt.

Ob es so etwas wie einen inneren Energiestrom gibt, der uns unbewußt an bestimmte Orte führt? Vielleicht war es seine kosmopolitische Familiengeschichte, sagt Jerôme-François Zieseniss, die ihn in diese Stadt geführt hat, die in den vergangenen Jahrhunderten eine der weltoffensten war. Ein Zusammenspiel aus vielfältigen kulturellen Einflüssen, der arabischen, der jüdischen, der orientalischen, der hassidischen Kultur mit der mitteleuropäischen, hat sich in der Vergangenheit Venedigs zu einem faszinierenden Mikrokosmos vermischt. Eine nicht enden wollende Zahl von berühmten Ausländern – Wagner, Nietzsche, Lord Byron – hatte es im 19. Jahrhundert nach Venedig gezogen.

Auch wenn seine andere Verbindung zur Welt in Paris besteht, fühle er sich in Venedig zu Hause. Jeden Tag, wenn er über die kleine Brücke von San Sebastiano geht, fällt ihm die Einmaligkeit Venedigs auf: eine Stadt, deren künstlerisches Erbe Verpflichtung ist.

Nach der Begrüßung durch die Hunde zeigt Zieseniss den Palast: mehrere Büros, die sich um einen zentralen Salon anordnen, Innenräume, die in der Wandbespannung und den Stoffbezügen in den Farben der Lagune eingerichtet sind. An den Wänden der Salons hängen Bilder moderner venezianischer Maler, mit Bäumen und in den Farben der Lagune, die kundigen Texte zu den Ausstellungen hat er selbst verfaßt. Aber seine Liebe zur Kunst blieb nicht nur auf die eigene private Sammlung beschränkt. Venedig ist ein einmaliges Kapitel europäischer Geschichte, die für uns heute auch Verpflichtung ist, findet er. In seinem Haus hat er einen Raum dem französischen Komitee zum Erhalt venezianischer Kunstwerke zur Verfügung gestellt. Er selbst ist Präsident des Komitees, ein Ehrenamt, das ausschließlich von privaten Spenden lebt. Der unmittelbare Erhalt der Stadt wird aus der *Legge speciale* finanziert, dem

148

Sondergesetz für Venedig: Geldern aus Rom, deren Höhe sich nach dem jährlichen Etat des italienischen Staatshaushalts bemißt. Die Reinigung der Kanäle und andere notwendige Arbeiten werden zum Beispiel daraus finanziert. Doch für den Erhalt der Kunstwerke ist man auf private, oft ausländische Gelder angewiesen.

Das »Comité Francais Pour La Sauvegarde De Venice« gibt es, wie viele andere auch, seit der Hochwasserkatastrophe von 1966, einem der traumatischsten Ereignisse in der venezianischen Geschichte. Der Wasserstand hatte eine Höhe von 1,94 Meter erreicht und war damals bis in die innersten Ritzen und Poren der Stadt vorgedrungen – eine Katastrophe für das empfindliche System. Viele Venezianer leben heute noch mit dem Gefühl, daß das jeden Winter, wenn durch den afrikanischen Scirocco mehr Wasser durch die Öffnungen zum Meer in die Lagune dringt, wieder passieren kann. Aber Hochwasser gibt es, solange es die Stadt gibt – bereits 1240 wurde es mit einer dramatischen Höhe dokumentiert. Die UNESCO hatte 1966 zu einer gemeinsamen Kraftanstrengung aufgerufen, um die beschädigten Kunstwerke zu restaurieren. Die meisten Komitees, begründet durch persönliche Initiativen, haben seit damals ihre Arbeit erfolgreich fortgeführt. Es gibt sie in Frankreich, USA, England, eine ganze Reihe sind in Italien selbst entstanden. In Deutschland gibt es sie nicht, sagt Ziesenniss. »Möchten Sie nicht dafür sorgen, daß ein solches Komitee auch in Ihrem Land gegründet wird?«

Die gesammelten und gespendeten Gelder müssen, mit persönlichen Garantien, jeweils für ein präzises Projekt eingesetzt werden. Die Salute-Kirche und die *Ala Napoleonica* von San Marco wurden vor zweieinhalb Jahren mit Geldern des französischen Komitees restauriert.

In diesem Jahr hat sich Zieseniss an ein besonders ehrgeiziges Projekt gemacht, das in der Stadt heftige Polemik hervorgerufen hat: Die Napoleon-Statue, im Jahr 1804 auf dem Markusplatz aufgestellt und 1815 aus Wut gegen den fremden Herrscher von der aufgebrachten Menge gestürzt, hat er im Auftrag des Komitees bei Sothebys ersteigert und in die Stadt zurückgebracht: Im Morgengrauen um drei Uhr wurde sie in einer riesigen Holzkiste über den Markusplatz transportiert. Zieseniss' Mitarbeiterin Pascaline Vatin erzählt ein kurioses Detail: Der Transport vom Container in Marghera bis zum Markusplatz hat genauso lang – nämlich neun Stunden – wie der Flug von Kalifornien nach Venedig gedauert. Im Garten eines kalifornischen Millionärs hatte die von Domenico Banti geschaffene Statue bislang gestanden und war entsprechend mit Moos bewachsen.

Mit der Statue hat Zieseniss einen Teil – umstrittener – venezianischer Geschichte und eine gehörige Portion Polemik in die Stadt zurückgebracht. Vielleicht wird die Statue auch dazu beitragen, einen Teil der venezianischen Geschichte realistischer zu sehen, sagt er heute, denn der Untergang der Republik war schon längst besiegelt, als Napoleon 1797 die Adelsrepublik aufgelöst hat. Doch das Ende der Macht hatte bereits viel früher begonnen: Nachdem die Portugiesen im 16. Jahrhundert die neue Orient-Route über Afrika entdeckt hatten, verlor Venedig sein Handelsmonopol, verfügte aber immer noch über unermeßlichen Reichtum. Zweihunderttausend Menschen lebten damals in der Stadt. Über viele Jahrhunderte lang hatte das System der venezianischen Republik, das erfolgreich jedes persönliche Machtstreben verhinderte, den wirtschaftlichen Aufschwung und ein friedliches Zusammenleben gesichert: vielleicht das erfolgreichste staatliche System der Welt. Nach dem Sturz Napoleons und einem kurzen Zwischenspiel der Österreicher wurde Venedig 1866 an Italien angeschlossen, eine wechselvolle Geschichte.

Napoleon blieb mehr als umstritten, die Österreicher ließen schon eher bleibende Spuren im Alltag zurück: Der Name des typischen Aperitif, *lo Spritz*, und die vielen Eisenbrücken über den Kanälen gehen auf sie zurück.

Viele Aspekte ihrer großen Geschichte haben die Venezianer später selbst auch in einen Mythos verwandelt. Zur Zeit Napoleons, sagt Zieseniss, war Venedig zu einem privilegierten Ort weniger reicher Patrizier geworden. Im *Museo Correr* soll die 2,60

Meter hohe Statue, Napoleon mit erhobener Hand und in das Gewand eines römischen Kaisers gehüllt, ihren dauernden Aufenthaltsort finden.

Wie sieht sein eigenes Venedig-Bild aus? Wenn er durch Venedig geht, sagt Jerôme-François Zieseniss, dann ist es die Vielfalt der Stadt, die ihn immer wieder fasziniert: Es gibt ein urbanes und ein maritimes Venedig, und das macht für ihn den eigentlichen Gegensatz in der Stadt aus. Cannaregio zum Beispiel, das populäre Stadtviertel gleich hinter dem Bahnhof, wo sich trotz der großen Einkaufsstraße eine normale Bevölkerungsstruktur erhalten hat, blickt auf die Lagune hinaus. Wenn man vom ehemaligen Ghetto aus zu den *Fondamenta* geht – hier wurden zum Beispiel vorbildliche Sozialwohnungen erbaut –, wirkt Venedig wie eine ganz dem Meer zugewandte Welt. Hier spürt man, daß nur das Wasser die eigentliche Grenze der Lagune ist. Im *sestiere* San Marco dagegen, das sich zwischen Markusplatz, Rialto und Canal Grande erstreckt, in San Polo oder Santa Croce wirkt Venedig mit seinen *calli*, *campi* und Palästen ganz urban.

Als Tourist bemerkt man das reale Venedig meist nicht, aber das ist wahrscheinlich an allen Orten der Welt, an denen man Urlaub macht, so. Venedig ist ein extremes Beispiel, denn das dekadente Bild der romantischen Literatur hat sich über die Stadt gestülpt. Und da die Besucher heute gegenüber den Bewohnern deutlich in der Überzahl sind, haben die

Mythen und Gemeinplätze Venedig fast erdrückt. In das populärste Stadtviertel Castello verirrt sich beispielsweise kaum ein Tourist. Hier ist Venedig, wie es durch die Zeit hindurch war, am ursprünglichsten erhalten geblieben.

Auch wenn das Mammutunterfangen, die Rückkehr der Napoleon-Statue, gerade eine Woche zurückliegt, denkt Zieseniss schon an das nächste Projekt: die Restaurierung eines Apartments im Dogenpalast, das dann für die Öffentlichkeit zugänglich werden soll. Und natürlich ist das französische Komitee auch Gründungsmitglied des neuen Fördervereins la Fenice.

In Venedig leben ist auch eine Verpflichtung: Man muß der Stadt etwas von dem zurückgeben, was man hier erhalten hat.

Hinter den Kulissen des Guggenheim-Museum herrscht eine heitere, angenehme Arbeitsatmosphäre. Neunundzwanzig Mitarbeiter, erzählt Direktor Philip Rylands, sind hier insgesamt beschäftigt, darunter auch viele Studenten, die am Empfang oder im Skulpturengarten ein Praktikum absolvieren. An den Wänden im Museumscafé hängen Bilder von Peggy Guggenheim und ihren exzentrischen Künstlerfreunden – ein internationales Leben am Canal Grande, das schließlich zur Einrichtung des Museums geführt hat. Inzwischen ist das Guggenheim-Museum ein Ort der Venezianer geworden – fast unglaublich, sagt Rylands, das ehemalige Wohnhaus einer exzentrischen Amerikanerin, die in Venedig alles andere als akzeptiert wurde. Peggys Garten und Peggys Haus, sagt Rylands und spricht den Namen aus, als käme sie mit ihren Schoßhündchen gleich zur Tür herein. Die Sammlung gehört zwar zum New Yorker Guggenheim-Museum, hat aber ein weitgehend eigenständiges Programm.

Neben der Guggenheim-Sammlung ist das Ca' Pesaro der modernen Kunst vorbehalten. Die venezianischen Museen – eine eigene Welt. Zwölf Museen, das sind zehn Jahrhunderte Architektur und Malerei, 170 Jahre öffentliche Sammlungen mit 200 000 Gemälden. Zehn der zwölf Museen befinden sich im Stadtkern, davon allein fünf um den Markusplatz.

Philip Rylands sitzt am Schreibtisch des Guggenheim-Museums, als habe er schon immer von hier aus auf Venedig gesehen. Eine stolze Geigerin geht unterhalb des Fensters vorbei. Manchmal gehen die Menschen auffallend stolz und entschieden durch die Stadt, so als seien sie sich des Privilegs, in Venedig zu leben, wohl bewußt. Haben Sie bemerkt, daß sich die Augen der Menschen nach einer gewissen Zeit verändern, wenn sie mit offenem Blick durch Venedig gehen? Die Schönheit der Stadt fällt, wenn wir offen für sie sind, auf uns zurück.

Alte Frauen und Katzen sitzen auf der Terrasse gegenüber in der Sonne. Jeden Morgen, wenn Philip Rylands von seiner Wohnung in der Nähe von *La Fenice* durch die Gassen Venedigs bis zu seinem

Arbeitsplatz geht, fällt ihm die ungeheure Schönheit des Alltags auf. *Gran conforto*, Trost und Linderung, spüre er jeden Moment in der Begegnung mit den geschichtsträchtigen Steinen der Stadt.

Venezianisches Leben findet in den einzelnen *sestieri* statt – die Leute kennen und grüßen sich, auch das ist, wie überall in Italien, Zeichen einer tiefen Menschlichkeit.

Zunächst war er damals in einem englischen Komitee zur Rettung venezianischer Kunstschätze aktiv. Durch die verschiedenen Gruppen sei über die Jahrzehnte eine wichtige Lobby entstanden, die die Aufmerksamkeit der Welt in den jeweiligen Herkunftsländern auf Venedig lenkt. Manchmal habe er auf New Yorker Parties seltsame Szenen erlebt, erzählt Rylands: Irgend jemand sagt – er fahre morgen los, um Venedig retten, was unweigerlich den Respekt und die Aufmerksamkeit aller auf sich gezogen habe.

Philip Rylands war ursprünglich durch seine Arbeit über einen venezianischen Renaissancemaler nach Venedig gekommen und nach ein paar Umwegen hiergeblieben. Und wie sieht sein eigenes Venedig-Bild aus? Er sei in Venedig immer sehr glücklich gewesen, sagt Rylands, aber das kann man nur sein, wenn man hier einer regelmäßigen Arbeit nachgeht. Cocktailparties in Venedig, wie sie unter älteren Ausländern gepflegt werden, können nicht das wahre Lebensgefühl sein. Viele Paläste wurden von Ausländern restauriert, die hier mit ihren Freunden und Gästen einen aufwendigen Lebensstil pflegen: vielleicht ein Leben zwischen den Welten, das aber, durch die Aufmerksamkeit und die Gelder, die hierher fließen, wieder Venedig zugute kommt.

Seine Arbeit als Leiter des Museums eröffnet die Verbindung zum New Yorker Guggenheim-Museum und damit ein Fenster zur realen Welt. Realität, die Welt des Lärms, der Autos, der schnellen Verkehrswege, all das, was zum modernen Leben gehört – findet das also doch außerhalb Venedigs statt? Die Verbindung zu einer anderen Stadt sei wichtig, um sich hier, in dieser besonderen Lage mitten im Wasser, nicht isoliert zu fühlen. In den letzten Jahren wurde viel restauriert, die Dogengräber in Santi Giovanni e Paolo etwa, und in viele Paläste haben Ausländer investiert. Es gibt neue Hotels, den Wiederaufbau des *Fenice*, die Wiedereröffnung des *Teatro Malibran*, ein neues Projekt für das *Arsenale*, das auf Kultur und Technologie setzt.

*Foresti*, Ausländer, ist für die echten Venezianer jeder, Italiener oder Ausländer, der nicht in der Stadt geboren ist. Soviel Eitelkeit habe er sonst nur in New York erlebt, findet Rylands.

In Venedig gibt es ein faszinierendes Zusammenspiel von Steinen, Kirchen und Palästen, einen tieferen Sinn für Geschichte, vor der man sich eigentlich ehrfurchtsvoll verneigen muß. Er selbst könnte an keinem Ort der Welt leben, an dem Geschichte nicht in gleicher Weise spürbar ist, und vielleicht ist das in Italien außer in Venedig nur noch in Rom ähnlich erlebbar. Es gibt hier keine Unterscheidung zwischen dem Raum oder der Atmosphäre in und außerhalb der Museen, was ein besonderes Merkmal Venedigs ist. Wenn man das Metropolitan in New York verläßt, findet man sich auf der Fifth Avenue oder im Central Park wieder. Wenn man in Venedig aus dem Museum tritt, steht man vor der Kirche, in der das Kunstwerk aus dem Museum früher hing. Diese Besonderheit bestimmt auch die Arbeit hier. Die Kunstwerke müssen nicht aus ihrem künstlerischen und historischen Kontext herausgerissen werden, sondern stellen eine Verbindung und Kontinuität zu der Vergangenheit her.

Wenn man an manchen Wintertagen frühmorgens durch die Straßen geht, wirkt es wie eine zutiefst provinzielle Stadt, die sich je nach Jahreszeit mit kulturell interessierten Ausländern füllt. Es gibt ein sehr provinzielles, daneben ein intellektuelles Venedig und den internationalen Jet-set, der sich zur Biennale und sonstigen Galas in der Lagune trifft. Venedig hat viele Gesichter, und vielleicht ist es eines seiner Probleme, die verschiedenen Gesichter zu verbinden. Viele soziale Schichten sind inzwischen aus Venedig abgewandert. Vielleicht entstünde eine andere Atmosphäre in der Stadt, wenn hier wieder mehr Menschen lebten und arbeiteten, die nicht nur mit dem touristischen Gewerbe zu tun haben.

Er erinnert sich an einen Künstler, erzählt Rylands, der seine Statuen in der Stadt verteilt ausstellen wollte: Die Venezianer warfen ihm sofort vor, daß hier jemand das Bild Venedigs für seine eigenen Zwecke ausnutze. Aber durch die eigene Arbeit die Aufmerksamkeit auf Venedig lenken, ist das nicht auch Ausdruck der Begeisterung und Faszination, die Venedig zum Überleben braucht? Und die Venezianer mit ihrer uralten Überzeugung, daß die Welt um Venedig kreist, gestatten allen Fremden gnädigst, sich aus Begeisterung für ihre Stadt zu engagieren. Ist die Schönheit nicht eine ganz eigene Macht?

# Venedig geht an Land

## Ein Blick nach Mestre

Die *Ponte della libertà* am frühen Nachmittag: tobender Autolärm, eine unendliche Karawane aus Lastwagen. Es riecht nach Abgasen, der Himmel färbt sich rot: hier ist wieder ganz normaler Alltag, keine Ausnahmesituation mehr. Es bleibt ein venezianisches Geheimnis, warum Venedigs fragile Verbindung zum Festland ausgerechnet Freiheitsbrücke heißt. Von der anderen Seite der Brücke aus besehen wirkt Venedig wie eine museale, künstliche Welt, gefangen im Wasser, das seit seiner Entstehung vor 1500 Jahren doch sein Lebenselixier ist.

Michele Casarin wartet mit dem Auto vor der Bushaltestelle auf mich. Er beginne heute mit dem Car-Sharing, sagt er, fünfzehn Euro Einstiegsgeld und etwas über zwei Euro pro gefahrenem Kilome-

ter; ein Auto bei Bedarf, und danach kein Parkplatz-
problem. Für das Zwitterwesen Venedig-Mestre ein
absolut taugliches System – jedenfalls solange es noch
keine U-Bahn gibt. Die *sublagunare* wäre für Venedig
das schnellste und umweltverträglichste Verkehrsmittel.

Michele hat seine Begleitung nach Mestre angebo-
ten. Er ist Historiker und Mitarbeiter des Coses-For-
schungsinstituts für Demoskopie und Stadtentwick-
lung und hat ein Buch über den Zusammenhang
zwischen Venedig und Mestre verfaßt. Was haben
Venedig und Mestre überhaupt miteinander zu tun?
Venedig und Mestre sind die beiden Enden eines
amphibischen Zwitterwesens und das merkwürdige
Produkt einer faschistischen Idee. 1926 wurden
Venedig und Mestre zusammengeschlossen, Mestre,
eine Trabantenstadt, hatte damals gerade 26 000 Einwohner. Die Identitätsprobleme, wie sie sich auch in
immer wieder auftauchenden separatistischen Tendenzen ausdrücken, hängen Mestre bis heute nach.
Niemand hätte damals daran gedacht, daß die Stadt
irgendwann einmal nach einem Eigenleben streben
würde. Zum Zeitpunkt der Entstehung der *Grande
Venezia* war Mestre eigentlich keine Stadt, sondern
bestand aus sehr ländlichen Gemeinden, Mira, Dolo,
Spinea und anderen, die sich an den Rand der
Lagune schmiegten. Unter Mussolini wurden sie
zusammen mit Mestre und Venedig zur *Grande Venezia* zusammengeschlossen. Damit zwang der faschi-

stische Diktator der Stadt seinen Willen auf. Venezia – Mestre: ein künstliches Konstrukt.

Auf halber Strecke zwischen Lagune und Festland taucht die Insel San Giuliano auf, ein 700 Hektar großes Areal, fast so groß wie Venedig selbst, bis vor kurzem ein Ort oder ein Unort der schlimmsten Verwahrlosung mitten in der Lagune. Mit seiner unbebauten Weite sieht die Insel ein bißchen wie ein Vermächtnis der fünfziger Jahre aus. Inzwischen zeigt San Giuliano ein anderes Gesicht: ein riesiger Naturschutzpark – es soll der größte Europas werden – mitten in der Lagune. Vielleicht liegt es an der warmen Luft des beginnenden Frühlings, daß hier so etwas wie eine Aufbruchstimmung herrscht. Gerade gepflanzte Bäume strecken zaghaft ihre Äste in die Luft. Gleich hinter den noch unasphaltierten Parkplätzen steht ein reichverziertes weißes Gebäude. Die erste Garage Venedigs, erklärt Michele Casarin, heute unter Denkmalschutz. Sie war 1927 entstanden, hier stellten die Nobel-Touristen, bevor sie in die exklusiven Hotels auf dem Lido fuhren, ihre Autos ab. Auf der anderen Seite von Mestre, Richtung Festland, hat die Kommune ein 2000 Hektar großes Areal, ein bewaldetes Gebiet, erworben. Hier sollen in Zukunft auch ökologische Projekte gefördert werden, neben San Giuliano ein zweites Naherholungsgebiet, das allerdings noch in der Anfangsphase steckt.

Wir fahren Richtung Zentrum, an gigantischen

Supermärkten mit den phantasievollen Namen von Freizeitparks vorbei: Panorama heißt hier ein Einkaufsparadies. Die Bauten sind so riesig, als hätte man sie ohne Rücksicht auf den in Wahrheit begrenzten städtischen Raum mitten in eine weite Ebene gesetzt. Ende der achtziger Jahre sind sie richtig Mode geworden, erzählt Michele Casarin, für die Venezianer war es wie eine willkommene Freizeitbeschäftigung. Mestre – ein Einkaufspark. Ein Bus-Shuttle brachte die Kunden vom Piazzale Roma hierher. Inzwischen gibt es mehrere kleine Supermärkte in Venedig selbst, genauso wie es auch vier gut funktionierende Kinos in der Altstadt gibt. Manchmal wird in der Presse – natürlich eine Falschmeldung – ihre Schließung verkündet, vielleicht, weil es zum völlig falschen Bild der sterbenden Stadt paßt. Michele Casarin ärgert das, weil man vergißt, daß eine sehr engagierte Politik sich seit Jahren um das Gegenteil bemüht. Wir fahren an einem Neubauviertel, dem *Cita*, vorbei. Soziale Kontraste, Armut, hoher Ausländeranteil. Vor dem siebenstöckigen Kaufhaus Coin im Stadtzentrum findet ein kleiner Wochenmarkt statt: Wir parken das Auto, holen Luft, trinken Kaffee, schauen Menschen bei ihrer Alltagsbeschäftigung zu. Mestre – eine erholsame Stadt. Die Fassade des Coin hat man aufgebrochen und eine neue davor gesetzt, die Durchlässigkeit suggeriert. »Sie können sich nicht vorstellen, was hier am Wochenende los ist. Die Venezianer aus der Altstadt gehen hier einkaufen, und das Kaufhaus mit seinen Cafeterien im siebten Stock, wo man einen atemberaubenden Blick über das ganze Stadtgebilde hat, wird zum wichtigen sozialen Treffpunkt.« Wir gehen durch ruhige Seitenstraßen an bunten Häusern vorbei. Die Straßen sind auffallend schmal – ehemalige Kanäle, die später zugeschüttet wurden. Am Ende einer Einkaufspassage liegt die Piazza Ferretto und zeigt ihr lebendiges Alltagsgesicht: Straßencafés, spielende Kinder, Musikgruppen. Es ist, als täte sich bei jedem Schritt durch Mestre der Blick auf eine fast schöne und sich verändernde Stadt auf. »Haben Sie etwa gedacht, daß es hier häßlich ist?« fragt Michele Casarin. »Viele junge Familien ziehen hierher, weil sie die Preise in Venedig angeblich nicht bezahlen können«, erklärt er. »Aber ich glaube, daß es einen Grund gibt: Mestre ist einfach eine normale Stadt ohne ausufernden Tourismus, sie hat eine menschliche Dimension.«

Am Ende der Piazza Ferretto ist hinter einem steinernen Turm das Rathaus zu sehen. Im großen Saal im oberen Stockwerk bereitet sich ein junges Paar auf die Hochzeitszeremonie vor. In Mestre scheint alles näher und zum Anfassen zu sein – in jeder Hinsicht eine menschliche Dimension.

Gianfranco Bettin ist in dritter Amtszeit angesehener Bürgermeister von Mestre und stellvertretender Bürgermeister – eine auf Venedig beschränkte, einmalige Funktion – des ganzen Stadtgebiets. Der *pro-*

*sindaco* ist Stadtoberhaupt von Mestre, während es in Venedig den für beide Stadtteile geltenden Oberbürgermeister gibt. »Ich bin ein amphibisches Wesen, das zwischen Wasser und Festland lebt«, sagt Bettin, »vielleicht habe ich mich einfach dem Zustand der Stadt angepaßt.«

In Jeans und Rollkragenpullover sitzt er am Schreibtisch, und meistens, bei Antikriegsdemonstrationen oder bei Auseinandersetzungen um die Fabriken von Porto Marghera, ist er selbst mitten im Geschehen zwischen streikenden Arbeitern zu sehen. 1955 auf der Giudecca geboren und in Porto Marghera aufgewachsen, pendelt er schon immer zwischen den Welten hin und her. Ihm selbst gefalle es, zwischen Mestre, Marghera und Venedig zu leben, nirgendwo sonst kann man innerhalb einer Viertelstunde in so völlig gegensätzlichen Welten sein. Der komplexe Kosmos der Lagune ist auch eine Metapher für den Zustand der Welt, allerdings auch für eine Verantwortung, die wir einlösen müssen: Vielleicht werden gerade die ersten Jahre nach der Jahrtausendwende entscheidend sein. »Venedig hat eine hohe symbolische Bedeutung: Denn die Welt der Lagune spiegelt das vielfältige Spiel aus Abhängigkeiten und Wechselbeziehungen, in dem sich das Schicksal unseres Planeten enthüllt.«

Die Stimme von Gianfranco Bettin, einem unkonventionellen Politiker, wird in Venedig gehört. Sein Ansehen hat auch mit seinem persönlichen

Mut zu tun: Eine Unzahl von Initiativen, zuletzt gegen Drogen und Prostitution, hat er in den Stadtrandgebieten organisiert. Die Drogenmafia des Brenta, des reichen Hinterlands von Venedig, mit der er sich angelegt hatte, hatte ihn vor ein paar Jahren als Warnung gegen seine Initiativen entführt. Ob er seine Erlebnisse von damals noch erzählen mag? Es war eine häßliche Geschichte, *una brutta storia*, sagt er, man hatte ihn in einem Keller geschleppt und, mit der Pistole an der Schläfe, seine Hinrichtung fingiert, dann die Drohung – das nächste Mal machen wir ernst. Jahrelang hat er daraufhin mit Leibwächtern gelebt. Inzwischen hat sich die Lage wieder beruhigt.

Gianfranco Bettin ist heute einer der angesehensten Vertreter der italienischen Grünen. Drei Schlüsselpositionen – Bettin als *prosindaco*, Giuseppe Caccia als Dezernent für soziale Angelegenheiten und der Umweltdezernent Paolo Cacciari für die Provinz Venedig – werden von den Grünen gestellt. Man macht gemeinsam gezielt grüne Politik, wobei sich Bettin seinen eigenen Schwerpunkt bei der Sozialpolitik und der Integration der Immigranten gesetzt hat.

Wir sprechen darüber, daß am Morgen wieder von separatistischen Tendenzen in der Zeitung zu lesen war. Er wird dagegen ankämpfen müssen, sagt Bettin, das vierte Referendum dieser Art fällt, anders als die vorhergehenden, in eine Zeit des Identitätsverlustes und großer wirtschaftlicher Unsicherheit. Bei den drei vorangegangenen Referenden, die zum Glück gescheitert sind, haben die Separatisten jedesmal an Stimmen gewonnen: 1979 waren es 27,7 Prozent, 1989 schon 42,2 und 1994 genau 44,4 Prozent der Stimmen. Die Argumente der Separatisten: Venedig und Mestre haben zu unterschiedliche Interessen, um zusammenzugehören. Am Status quo in Venedig sind vor allem Gondolieri, Händler und Hotelbesitzer interessiert, also all die, die am Tourismus in seiner jetzigen Form verdienen. Aber ohne Mestre und seine hohe Einwohnerzahl, die der *Comune di Venezia* die Rolle als Provinzhauptstadt sichert, wäre Venedig längst zum Disneyland verkommen. Noch mehr öffentliche Ämter würden dann ihre Büros aus Venedig abziehen, ein Trend, der ohnehin besteht. Viele Mestriner der älteren Generation sind in Venedig geboren und wurden von dem teuren Wohnraum nach Mestre vertrieben. In Mestre haben sie sich lange Zeit als Peripherie Venedigs erlebt, wobei die Altstadt doch die gewachsene Seele des Ganzen war. Seit langem ist die *città metropolitana*, die »metropolitane« Stadt aus Venedig, Mestre und seinem Einzugsgebiet, im Gespräch, die beiden eine Perspektive bieten und die ein eigener Gesetzentwurf vorbereiten soll. Die ganze Problematik wird von der lokalen Presse oft auf ungebührliche Art und Weise aufgebauscht – solche Diskussionen können immer wieder den Blick für eine zukunftsfähige Entwicklung verstellen.

Für ihn gibt es eine unauflösliche Verbindung zwischen Mestre und Venedig, und zum Archipel der Lagune gehören genauso die Inseln dazu. Deshalb, sagt Bettin, versuchen die Stadtverwalter mit so viel Nachdruck, ein neues Bild zu schaffen, weil das für Venedig überlebensnotwendig ist: Diese beiden Welten muß man aneinander binden, denn eine kann ohne die andere nicht bestehen.

Aber warum tun sich die Venezianer so schwer mit jeder Veränderung? Bettin reagiert gelassen und nachdenklich, nicht zornig, wie es bei seinem ständigen Kampf gegen separatistische Tendenzen sogar verständlich wäre.»Vielleicht hat das mit der Entstehung Venedigs zu tun. Es gibt ein altes Sprichwort: *pàlu fa palù* – jeder Pfahl führt zur Versandung. Jeder Pfahl, der in die Lagune getrieben wurde, hatte eine Veränderung des natürlichen Habitat zur Folge. Diese Abhängigkeit von der Umgebung hat die Venezianer jeder Veränderung gegenüber so skeptisch gemacht.«

Bis zur Amtsübernahme von Bürgermeister Gianfranco Bettin gab es keine Piazza in der Stadt: Heute, sagt er, käme es ihm vor, als wenn die Mestriner Piazza Ferretto der eigentliche Treffpunkt der Venezianer sei, während der Markusplatz ein touristisches Eigenleben führt – ein echter Venezianer kommt vielleicht zweimal im Jahr bei den Tauben auf dem Markusplatz vorbei.

Anders als in der Altstadt herrsche hier ein lebendiger Geist, sagt Bettin beim Blick über die Piazza, weil es in Mestre eine »normale« Bevölkerungsstruktur mit allen sozialen Schichten gibt. Dazu gehören Problemzonen, wie sie in jeder Großstadt üblich sind: Um den Bahnhof von Mestre leben Menschen aus achtzig Nationen, ein regelrechter Bazar der Welt aus Läden und Lokalen. Es gefalle ihm, sagt Bettin, daß auf der Piazza Ferretto kein Reiterstandbild und kein Staatsgründer stehe, sondern eine abstrakte Skulptur über dem Wasser, die ihr Schöpfer Alberto Viani *la perfezione irragiungibile*, die unerreichbare Vollkommenheit, genannt hat, und die je nach Blickwinkel und Wasserstrahl immer anders erscheint. »Venedig steht im Mittelpunkt des Weltinteresses, und Mestre befindet sich an exponierter Stelle im Veneto, wo die Produktivität über dem nationalen Durchschnitt liegt.« Mestre, zusammen mit Venedig, könnte eine neue Metropole des Nordostens sein. Mestre besitzt heute den kosmopolitischen Geist, der früher das Leben in Venedig geprägt hat, sagt Bettin. Vielleicht war es wichtig, daß auch Mestre seine Verbindung zur Lagune wiedergefunden hat: Durch den Park auf San Giuliano, auch durch den Hafen, der für die Existenz Venedigs lebensnotwendig ist, kommen Menschen aus aller Welt hierher. Meistens halten sie sich allerdings in Mestre auf, und erzählen zu Hause, sie hätten Venedig gesehen. Gianfranco Bettin hat sich für zwei berufliche Schienen, für ein Leben als Schriftsteller und Politiker, entschieden. Mehrere

Bücher, die alle die besondere Situation der Lagune zum Thema haben, hat er neben seiner politischen Arbeit verfaßt. Zur Zeit schreibt er an einer Erzählung, drei Menschen treffen sich in einer Nacht und sprechen über ihre Situation – eine venezianische Geschichte, die aber auch irgendwo anders auf der Welt spielen kann.

Auf die Verbindung Festland-Lagune, auf Bilder des Wassers und der Erde, hat man bei den prestigeträchtigen Neubauten in Mestre gesetzt. In dem Hotel und Kongreßzentrum »Laguna Palace« fließt ein künstlicher Kanal mit schillernd blauem Wasser zwischen den weißen Steinen hindurch. Es war wichtig und zudem von hoher Symbolkraft, daß eines der neuen Universitätsgebäude in Mestre – wo es natürlich auch den entsprechenden Platz gibt – entstanden ist. Bislang war die Universität auf die Altstadt beschränkt. Der Neubau der Architektur-Fakultät zeigt eine spiegelblanke Fläche, auf die die umstehenden Bäume ihre Schatten werfen. Wasser und Festland gehen in dieser Fassade des Neapolitaners Francesco Venezia eine perfekte Symbiose ein.

Das Minderwertigkeitsgefühl gegenüber der schönen Schwester ist vielleicht an den separatistischen Tendenzen von Mestre schuld. Die Stadt muß auf der Suche nach einer eigenen Identität aufholen. Das ist das Drama des Zwei-Städte-Konstrukts, sagt Michele Casarin später, Mestre war ein künstliches Gebilde, das nie selbstbewußt gewachsen ist; und Venedig hat sich mit dem Blick zurück in die Vergangenheit lange gegenüber jeder modernen Entwicklung verweigert. In der Vergangenheit tat sich die herrschende politische Klasse in Venedig schwer, eine Entwicklung in Richtung Modernität überhaupt zu akzeptieren. Man hat in der Altstadt nie versucht, sich mit neuen Wegen auseinanderzusetzen. Diese Unfähigkeit hat dazu geführt, daß Venedig über ein Jahrhundert lang sein von der romantischen Literatur des 19. Jahrhunderts geprägtes Bild gepflegt und betrachtet hat, das dekadent und von vielen falschen Mythen bestimmt war. Vielleicht könnte man die Geschichte Venedigs einfach neu lesen, um den ursprünglichen Charakter wiederzufinden: Den großen unternehmerischen Geist der Vergangenheit, der durch und durch dynamisch und nicht im mindesten ideologisch war. In der Vergangenheit hat die *Serenissima* die besten Einflüsse von außen aufgenommen und integriert. Warum sollte sie das nicht wieder tun?

Das Wasser hat Venedig Grenzen gesetzt. Die notwendige Entwicklung zu einer modernen Stadt, die von der anderen Seite der Brücke herüberdrang, hat es deshalb wie eine gefahrvolle Bedrohung für die eigene Existenz erlebt. Statt dessen hat man auf Tourismus gesetzt, der auch das normale, alltägliche städtische Leben zur Künstlichkeit verurteilt hat. Die neue metropolitane Stadt Venedig-Mestre mit den unabhängigen Kommunen Chioggia, dem Lido und Cavallino könnte eine sinnvolle Lösung für die

Zukunft sein, um die Probleme und zukünftige Entwicklungen gemeinsam anzugehen: Der Gesetzentwurf liegt bereits vor. Eigentlich gibt es diese metropolitane Stadt in der Realität schon, aber es gibt noch keine gemeinsamen legislativen Mittel, um ihre Probleme effizient anzugehen.

»Venedig besteht nicht für sich allein«, schreibt Gianfranco Bettin in seinem Buch *Laguna Mondo*, »sondern in der Lagune, das heißt mitten im Wasser, dem Rhythmus der Gezeiten ausgesetzt, in einer lebendigen und sich ständig wandelnden Umgebung; einem Archipel aus Erde und Wasser, aber auch im Zusammenhang mit dem urbanen Kontinent, der gleich hinter der schmalen Brücke beginnt, die es mit Porto Marghera und Mestre verbindet, mit dem Veneto, mit dem Nordosten, mit Europa.«

Am nächsten Tag führt mein Weg noch einmal nach Mestre, dieses Mal mit dem Bus. Mir gegenüber sitzt eine alte Frau, und als sie meinen neugierigen Blick spürt, fängt sie von ihrem Leben zu erzählen an. Eine typische Geschichte: in Venedig geboren, ist sie später, als sie Lehrerin war, mit ihrer Familie nach Mestre gezogen. Sie lebt gern hier, weil es ein normales Leben ist. Manchmal fährt sie in die Altstadt – so, wie man am Nachmittag eine liebe Freundin besucht.

# Die Schönen der Dämmerung

**Ein Besuch beim** *Maestro di Cappella* **von San Marco**

Manchmal denkt er an sie, wie sie verlassen hinter bröckelnden Fassaden und morschen Holztoren verborgen sind: die Bescheidene, gegenüber dem Bahnhof, ist mit dem Ausbleiben der letzten Besucher schon lange verstummt; die Vertraute, von San Francesco della Vigna, deren Palladio-Fassade früher auf Weinreben sah und die er jetzt schon ein halbes Jahrhundert lang kennt. Da gibt es die Stolze aus Santa Maria dei Derilitti; die berühmte Chini, Jahrgang 1743 in San Rocco, und die Schönste der Schönen in San Martino Vescovo. Das ganze Repertoire, von seinen Vorgängern bis zu seinen eigenen Kompositionen, hat er überall gespielt.

»Kommen Sie morgen zum Seiteneingang von San Marco«, sagt Roberto Micconi, »da, wo normalerweise die Besucher für die Messe stehen.« Es ist November und Hochwasser in Venedig. Kennt der *Maestro di Cappella* die Geheimnisse der Basilika, sind sie nur noch ihm wirklich vertraut? Gibt es, hinter den Fassaden verborgen, noch geheime Klänge wie damals, als die betörende Musik von Monteverdis *Orfeo* über die Kanäle und Plätze drang? »In Venedig kann man sogar die Steine hören«, schrieb der Komponist Luigi Nono über seine Heimatstadt, »sie nicht nur sehen, weil sie keine in sich geschlossene Welt bilden, sondern in Beziehung zueinander stehen.« Hört man die Steine, das Dunkel, die Bewegung des Lichts?

Mit schwarzer Baskenmütze und kniehohen Stiefeln watet Roberto Micconi durch das Hochwasser auf mich zu. Die echten Venezianer erkennt man in dieser Jahreszeit an der Plastiktüte unter dem Arm, in der sich Schuhe zum Wechseln befinden. Wir stehen im Wasser, als wir uns begrüßen. Um uns sind Sprachfetzen, die Rufe der Möwen und das weiter entfernte Schlagen der Wellen zu hören. Vor dem Haupteingang von San Marco wird in fünf Sprachen die Geschichte der Basilika erzählt.

Am Seiteneingang sieht die berühmte Basilika plötzlich ein bißchen weniger prachtvoll aus. Geruch von Weihrauch, ein paar ausgediente Holzstühle, dumpfes Licht, in dem man die Umrisse der Seitenkapelle von San Isidoro, dem bescheidenen Raum für die Alltagsfrömmigkeit, erkennt. Die Welt des

Prunks ist unendlich weit entfernt. Der Maestro setzt die dunkle Baskenmütze ab und zieht einen schweren Schlüssel heraus.

Wir gehen eine schmale Treppe hinauf, sehen von der Galerie des Presbyteriums dem geschäftigen Treiben zu. »Die Akustik von San Marco ist einmalig und unvergleichlich, was durch die fünf Kuppeln – angelegt in der Form eines griechischen Kreuzes – und die Arkaden hervorgerufen wird«, sagt Micconi, als wolle er zuerst erklären, warum die Basilika so einmalig ist. »Es gibt hier eine Art verlängerter Resonanz bis zu sieben, acht Sekunden, und das schafft ein ganz besonderes Hörgefühl. Wir haben einmal eine Mozart-Messe gespielt, auf der linken Seite der Galerie, und ich hatte nur drei Instrumentalisten zur Verfügung, eine erste und eine zweite Geige, ein Violoncello, und die Orgel. Und als wir dann von der Galerie herunterkamen, haben die Leute gefragt, wie groß denn das Orchester gewesen sei. Jede Aufführung in San Marco erweitert den Klang der Musik. Früher zum Beispiel, zur Zeit von Giovanni Gabrieli im 15. Jahrhundert, waren die Instrumentalisten bei den Aufführungen an zwölf verschiedenen Stellen in der Basilika verteilt. Darauf beruht das Prinzip der Polyphonie. Der Zusammenklang ergab das Gefühl von Fülle und Größe, und das ist immer noch so, selbst wenn es nur wenige Musiker sind.« Auch die Chöre waren früher an vier verschiedenen Punkten der Basilika so angeordnet, daß der Klang unter der

Kuppel zusammentraf. In San Marco dehnen sich die Klänge aus und ergreifen Besitz vom Raum; das Zusammenspiel von Klang und Raum kann eine Vielfalt von Klängen hervorrufen, »so daß sich für die Menschen, die sich unter den Arkaden und unter den Galerien befanden, das Hörerlebnis ständig veränderte. Die Säulen, die Voluten, ja sogar die Steine, haben zu dieser Veränderung beigetragen«, wie Luigi Nono schreibt.

Vor der obligatorischen Verbeugung vor der Ahnenreihe tut sich die Frage aller Fragen auf: Wie wird man Organist oder Kapellmeister der Markusbasilika? Es ist wohl einer der wenigen Berufe, die man nur durch Berufung erlangt, sagt Micconi, als wir in dem kleinen Büro im hinteren Teil der Kirche sitzen. »Und indem man von jemandem – meist ist es der jeweilige Amtsvorgänger – vorgeschlagen wird, nicht, indem man, wie sonst in Italien, an einem meist ziemlich absurden Wettbewerb um eine Stelle teilnimmt. In Frage kommt dann jeweils nur ein enger Kreis von Musikern, die sich selbstverständlich untereinander kennen und eng mit dem venezianischen Musikleben in Verbindung stehen. Stellen Sie sich auf diesem Posten jemanden vor, der keine venezianische Orgeln kennt!« Diese Erfahrung, sagt er, wird von Kapellmeister zu Kapellmeister überliefert, und man gewinnt sie nur, wenn man selbst lange genug Schüler eines Maestro war. Führt also der Weg tatsächlich geradewegs von der Gegenwart zu Monteverdi zurück? Seine Erfahrung käme von weit her, sagt Micconi lächelnd und geheimnisvoll. 1613 wurde die Markusbasilika zu einem Tempel der europäischen Musikkultur.

*Man erweist mir Ehre, und ehrt mich weiterhin in solcher Weise, daß kein Sänger in den Chor aufgenommen wird, bevor man nicht die Meinung des Musikdirektors eingeholt hat ... Es gibt keinen Herrn, der mich nicht schätzt und ehrt, und wenn ich entweder Kirchen- oder Kammermusik aufführe, kommt, ich schwöre es euch, die ganze Stadt ... Daneben mache ich für den höchsten Herrn Cornaro an jedem Mittwoch, Freitag und Sonntag Musik in seiner privaten Kapelle, und dazu kommt der halbe Adel, und wenn ich von Urlaub spreche, könnten sie es mir übel ankreiden.*

Für Monteverdi und seine Zeitgenossen war es die ehrenvollste Position im Musikleben der Zeit.

*Maestro di Cappella di San Marco* bleibt man ein Leben lang. Vor zwei Jahren ging er in Pension, und heute ist Micconi als Organist von San Marco mehrere Wochen im Jahr, manchmal auch Monate, zu Konzerten und Meisterklassen weltweit unterwegs. In Australien, Kanada und Deutschland hielt er sie zuletzt ab.

Heute, sagt Roberto Micconi, werden in San Marco nur noch Konzerte zu liturgischen Zwecken gespielt. Früher waren die prunkvollen Feiern in der

Basilika repräsentatives Zeichen der Macht des Dogen und der *Serenissima*: Bei der glanzvollen Vermählung des Dogen mit dem Meer fand früher ein Konzert in San Marco statt. Aber dieses Erbe, sagt er, das ist etwas, das er immer noch als große Verantwortung und Anregung für seine eigenen Kompositionen spürt.

Bei seinem Vorgänger Claudio Monteverdi hatte diese doppelte Verpflichtung noch zu mancher Arbeitsbelastung geführt:

*Am kommenden Donnerstag ist der Tag des Heiligen Kreuzes, und bis dahin muß ich eine konzertante Messe vorbereitet haben, und Motette für den ganzen Tag, danach muß ich eine bestimmte Kantate zum Lob des Dogen vorbereiten, die jedes Jahr im Bucintoro gesungen wird, wenn er mit der ganzen Signoria am Himmelfahrtstage die Hochzeit mit dem Meer feiert, und ich muß auch die Messe und die heilige Vesper proben, die zu der Zeit in San Marco aufgeführt wird.*

Roberto Micconi hatte zunächst bei seinem Vater Klavierunterricht und mit zwölf Jahren, 1955, zum ersten Mal öffentlich in San Francesco della Vigna auf einer Orgel gespielt. Damals herrschte eine andere Atmosphäre in der Stadt. Der Tourismus der »Grand Tour« fand vorwiegend auf dem Lido statt, auf allen Plätzen der sechs *sestieri* herrschte ein reges musikalisches Treiben. In der Vergangenheit haben sich

Hochkultur und populäre Musik in Venedig immer auch ein bißchen vermischt. Aber Voraussetzung einer solchen Musikkultur ist eine fundierte musikalische Erziehung, und die gibt es heute längst nicht mehr, genauso wenig, wie es Organisten gibt. Heute, bedauert Micconi, wird auch in den Kirchen eher Gitarre als Orgel gespielt. Von den drei Orgeln in San Marco stammt die kleinste aus Neapel. Venedig war sehr eng mit der neapolitanischen Musikkultur verbunden. Ein reger Austausch fand auch über die Leiter der einzelnen Konservatorien, der sogenannten *Ospedali*, statt. »Zur Glanzzeit der venezianischen Musik, im 17. und 18. Jahrhundert, waren viele große Musikerpersönlichkeiten in der Stadt. Damals sind auch die *Ospedali*, Waisenhäuser oder Krankenhäuser, entstanden, die gleichzeitig Konservatorien waren. Die Republik Venedig verfolgte ganz richtig die Absicht, daß Kranke nicht nur physische Pflege brauchen, sondern auch geistige und moralische Unterstützung. Und so ist dann zum Beispiel das berühmte *Ospedale degli Incurabili* entstanden, für die »Unheilbaren«, das dann zu einem richtigen Konservatorium wurde und große Musikerpersönlichkeiten hervorgebracht hat, die wiederum auf die Atmosphäre in der Stadt zurückwirkten.«

Wir gehen eine schmale Treppe hinauf. »Möchten Sie die Restaurierung einer Orgel sehen?« fragt Micconi. An den Mosaiken über das Leben des heiligen Markus vorbei dringen wir in das Innere der Markusbasilika vor. Plötzlich ist sie ganz nah, diese phantastische Geschichte über die Gebeine des heiligen Markus, die versteckt in einem Schweinebauch von Alexandrien über das Meer transportiert worden sind. Der Doge Giustiniano Partecipazio hatte die Gebeine 828 in Empfang genommen und neben dem damals noch hölzernen Dogenpalast die Kirche für die Gebeine des Heiligen bauen lassen. Erst 1031 wurden die Grundmauern der heutigen Kirche errichtet, ihre Erweiterung, Anbauten und Ausschmückung dauerte unter der Leitung der bis heute bestehenden Dombauhütte jahrhundertelang an.

Es ist, als habe Roberto Micconi die Szene eigens bestellt: Mit den goldfunkelnden Mosaiken im Blick hat sich Orgelbauer Ivo Gabriel Marchi an die Restaurierung der Orgel gemacht, natürlich im täglichen Dialog mit dem Maestro selbst. Das Schicksal der Orgeln ist typisch für die Stadt, sagt Marchi, die meisten Kirchen sind inzwischen geschlossen, bei einer Restaurierung fängt man, wenn überhaupt, mit den Fassaden oder bei den Kunstwerken an. »Wenn ich daran denke, welche hohe Kunst des Orgelbaus die Stadt im 17. und 18. Jahrhundert hervorgebracht hat.« Viele Jahre seines Lebens habe er damit verbracht, Orgeln und Spinette zu stimmen und instandzusetzen. Und irgendwann habe er sich entschlossen, sie selbst zu bauen. »Als ich meine Werkstatt in Dorsoduro aufmachte, war es zunächst meine Absicht, hierher etwas von der großen Kunst zurückzubringen, die die Stadt in ihrer glücklichsten Zeit erlebt hat. Natürlich habe ich auch gehofft, daß es durch den internationalen Tourismus so etwas wie einen Austausch geben würde. Aber da wurde ich bald enttäuscht. Manchmal denke ich, daß wir Handwerker längst eine Symbiose mit den Wühlmäusen eingegangen sind – wir leben hier immer versteckter. Für uns ist nur noch ein ganz bescheidener Raum geblieben. Das Leben wird von den Regeln des Marktes bestimmt. Aber wenn wir dem nicht Einhalt gebieten, wird das das Ende Venedigs sein.«

Die großen Orgeln werden vor Ort in der Kirche gestimmt, kleinere Arbeiten führt Marchi in seiner Werkstatt aus. Gerade wird dort, von ihm und einem Mitarbeiter, eine neue mechanische Orgel mit zwei Manualen und 24 Registern für die Kirche von Santa Maria Formosa gebaut. »Manchmal, wenn ich die über siebzig Orgeln aus dem 17. und 18. Jahrhundert in den venezianischen Kirchen sehe, dann denke ich, daß die Stadt langsam aber stetig von den Touristen, den Mäusen und den Holzwürmern angenagt und zerfressen wird. Die Orgeln spiegeln genau diesen Zustand der Stadt wider. Gegen die Touristen hätte ich ja gar nichts. Aber das Verhältnis der meisten Besucher zur Stadt ist ausschließlich von Konsum bestimmt. Wenn ich die Orgeln in diesem Zustand sehe, dann zerreißt es mir fast das Herz. Diese Instrumente sind sich selbst überlassen. Dabei kostet es kaum mehr, eine Orgel in einer Werkstatt wie meiner als industriell herzustellen. Und das finde ich so absurd.«

Wir verlassen das Presbyterium nicht durch das Kirchenschiff, sondern nehmen den Hinterausgang. Es ist ein merkwürdiger Kontrast: Weitweg von den täglichen Besucherströmen und doch ganz nah an der wirklichen Pracht üben der Maestro und der Orgelbauer in ihrem Alltag Berufe aus, die für eine Kontinuität der venezianischen Geschichte und ihre Besonderheit stehen. Hier, in der *Canonica*, hat Monteverdi gelebt, erklärt Micconi. Hier sind auch die privaten Wohnräume des Patriarchen untergebracht, den es, ernannt vom Papst, seit 1451 gibt. Natürlich kenne er alle hier, sagt Micconi, vom Patriarchen bis zum letzten Wärter. Vielleicht vergeht Zeit einfach anders in Venedig; weil nur Wasser und Himmel die wirklichen Grenzen über den Häusern, Palästen und Kanälen und manchmal auch die Ämter und Funktionen der Menschen seit Jahrhunderten unverändert sind. Wir gehen eine winzige Steintreppe mit morschen Holzgeländer hinunter. *Restauri di mosaici* steht wie eine geheime Inschrift an der Tür. Der *Maestro di Cappella* kennt das Zauberwort, bei seinem Klopfen öffnet sich die Tür sofort. Ein weißgetünchter Raum, mit Blick auf den Innenhof, mit Marmorblöcken in allen Farben, Wände und Arbeitstische sind mit Mustern und strengen Madonnen- und Heiligengesichtern bedeckt. Ein Meister und sein Lehrling arbeiten im braunen Kittel, trotz ihres unterschiedlichen Alters haben beide die gleiche Ruhe und Begeisterung im Blick. Als wir eintreten, haben sie gerade ein winziges Stück Kinn in eine byzantinische Heiligendarstellung aus dem 13. Jahrhundert eingesetzt. Mit Geschick und Präzision zerschlägt Gianbattista vor den Augen der beiden Besucher einen elfenbeinfarbenen Marmorblock in gezackte Dreiecke, von denen eins genau auf die Stirn eines der Heiligengesichter paßt. Als die Glocke der Basilika zwölf Uhr schlägt, blicken beide zufrieden auf die Arbeit dieses Vormittags zurück. Im schützenden Bauch der Basilika bleibt die Gegenwart vor der Tür, als hätte sich die Außenwelt mit ihrer schnellebigen Belanglosigkeit nur wie eine irritierende Schicht über eine jahrhundertealte Kunst gelegt. Das Vergehen von Zeit hat hinter dieser Tür keinerlei Bedeutung mehr. Als hinter uns die Tür zugeht, erscheinen der Blick und die Szene unwirklich: Ohne das Zauberwort wird die Tür nicht wiederzufinden sein und der Anblick verborgen bleiben.

Seit ihrer Entstehung gibt es im Innern der Basilika eine gut funktionierende Dombauhütte, erklärt Micconi, und holt mich mit seinen Worten in die Alltagswirklichkeit zurück. Ein beachtliches Heer an Maurern, Schreinern und vielen Kunsthandwerkern ist ständig vor Ort mit den Restaurierungsarbeiten betraut.

»Wollen Sie nicht am nächsten Sonntag eine Messe hören?« Jeden Sonntag, zwischen zehn und elf, hält

der Patriarch von Venedig die Messe in San Marco
ab. Es klingt, als mache der Kapellmeister jedem, der
es möchte, damit ein besonderes Geschenk. San
Marco, nicht nur ein Ort der touristischen Besichti-
gung, sondern feierlicher Religiosität?

An allen Eingängen bändigen die dunkel geklei-
deten Wärter mühsam den Besucherstrom. Die irritierende, goldene Haut der Basilika lenkt von der
Stimmung, den Worten, den Gerüchen und der
Liturgie ab. Als der Patriarch weise Worte über den
Frieden in der Welt und persönliche Verantwortung
spricht, blicken die steinernen Gestalten von der
Galerie wohlwollend auf das Geschehen in der Basilika herab. In regelmäßigen Abschnitten wird die
Liturgie von dem Klang der Orgel und dem Gesang
des Chores durchsetzt. So wie es einer inneren
Gesetzmäßigkeit entspricht, hat Micconi die Werke
seiner Vorgänger, Willaert, Gabrieli, Monteverdi,
und schließlich seine eigenen Kompositionen im
Programm. Als die Gottesdienstbesucher sich zum
Zeichen des Friedens die Hand reichen, spielt er, wie
er später erzählt, sein eigenes Stück, das sich über-
gangslos in die musikalische Tradition von San
Marco einfügt.

Unsichtbar hinter der Galerie sind die Sänger des
Chors verteilt. Doch jedesmal, wenn ihre Stimmen
erklingen, ist es, als würden sie einen Mantel aus
Klang über die steinernen Gestalten breiten, die
plötzlich zu leben beginnen. Es ist, als würden sie

leise zu lächeln beginnen und die Musik von vor einem halben Jahrtausend wiedererkennen. Haben sie sich manchmal gefragt, wo in den letzten zweihundert Jahren die Gestalt mit dem Dogenhorn geblieben ist, die früher genau vor dem Altar neben dem Patriarchen stand? Sechsmal an diesem Vormittag setzen die Klänge der Orgel ein, und jedesmal fällt ein goldener Lichtstrahl aus dem oberen rechten Kirchenfenster herein. Die Töne werden zu Licht, und gleichzeitig nimmt das Gold der Mosaiken die Farbe der Sonne auf. Oder wird das Sonnenlicht, in dem sich noch die Farbe des Meeres bricht, in einen Umhang aus Klängen getaucht? Das letzte Stück erklingt, als der Patriarch die Basilika verläßt, die Venezianer reichen ihm die Hand.

Zum ersten Mal im Jahr 1385, erzählt Micconi später, als wir wieder auf der Galerie stehen, wurde als Inschrift in einem Mosaik ein Konzert in San Marco erwähnt. Von den frühen Orgeln ist keine einzige erhalten geblieben. Im 17. und 18. Jahrhundert, der Glanzzeit der venezianischen Orgelbaukunst, hat man die antiken Orgeln in ihre Teile zerlegt und daraus neue gemacht. Elf Orgeln im Jahr habe zum Beispiel der berühmte Gaetano Callido in ganz Italien gebaut. Meister wie er oder Chini drückten durch ihre hohe Orgelbaukunst einem ganzen Jahrhundert ihren Stempel auf. Micconi spricht von den berühmten Orgelbaumeistern Chini und Callido, und es klingt wie eine geheime Kunst, die nur noch wenigen vertraut ist. Zwei Orgeln stehen sich heute auf der Galerie genau gegenüber. 1920 hatte man die Orgel von San Marco für 10 000 Lire an Santa Maria Formosa verkauft. In den siebziger Jahren wurde sie schließlich zurückgekauft und restauriert, nachdem ein Konzert Micconis die notwendigen Gelder eingebracht hatte.

Von San Marco gehen wir in Richtung San Zaccaria, an der sogenannten Vivaldi-Kirche vorbei. So wird Santa Maria della Visitazione wegen der dort häufig stattfindenden Konzerte genannt. Doch als sie erbaut wurde, war Vivaldi schon längst tot. Seine Kirche war nebenan, heute ist dort das Hotel Metropol untergebracht, die weißen Säulen in der Halle zeugen noch davon. Micconi kennt wie immer das Zauberwort, damit sich Türen öffnen, und in Ruhe schauen wir uns die Säulen, einsame Überreste, an. Die Mädchen der *Ospedali*, die wie Engel sangen, werden immer wieder zitiert. Doch ganz so romantisch waren die alten Venezianer nicht: Auf die Fußsohle wurde ihnen das »P« für Pietà, das Institut, das sie unterhielt, eingebrannt – jedenfalls bis ins 19. Jahrhundert hinein.

Durch ein paar gewundene Gassen erreichen wir San Zaccaria, das früher ein Nonnenkloster war. Hier haben die Dogen seit dem 12. Jahrhundert das Osterfest verbracht. In ganz vielen ehemaligen Klöstern, erzählt Micconi, sind heute Kasernen der Carabinieri untergebracht. Am Eingang des Presbyteriums händigt ein freundlicher Küster wie immer dem Maestro den Schlüssel zu den Innenräumen der Kirche aus. Die Orgel steht versteckt hinter dem Altar, was die Akustik etwas einschränkt. Die Blicke der Besucher sind ohnehin auf die berühmten Bilder, die Tintorettos und Bellinis, gerichtet. In der angrenzenden Kapelle stehen wie vor Jahrhunderten noch die rotgoldenen Prunksessel für den Besuch der Dogen bereit. Gemessen an der Pracht und dem Glanz führt die Orgel ein bescheidenes Dasein hinter dem Altar. Micconi fängt zu spielen an. Und doch ist es, als würde das Innere der Kirche erst durch den Klang der Musik wieder zum Leben erweckt: An der Tür hängen die Zeiten der Messe, und jedesmal erklingt die berühmte Orgel dazu. Von San Zaccaria gehen wir in die nahe Kirche San Martino, zu der, wie er sagt, schönsten Orgel Venedigs.

Haben sie bemerkt, daß das Deckengemälde am Eingang beständig seine Perspektive verändert? San Martino ist für diese Besonderheit berühmt. Auf der Darstellung ist die Heilige Cäcilie, Schutzpatronin der Musiker, zu sehen. Der Maestro greift in die Tasten aus leicht vergilbtem Elfenbein. Durch die feuchte Witterung und ihr Alter sind die Orgeln häufig verstimmt. In San Martino spielt am Sonntag ein Schüler von ihm.

Ob die Orgeln für ihn wie Personen sind? Aber natürlich, sagt Micconi. Und irgendwie drängt sich bei der Selbstverständlichkeit seiner Antwort die

Frage auf, es könnte wirklich jemand mit den siebzig erhaltenen Orgeln Venedigs befreundet sein. Aber wann hat der *Maestro di Cappella* Gelegenheit, mit den Orgeln allein zu sein? Das Repertoire für die Messe am Sonntag übe er zu Hause auf seiner kleinen Studio-Orgel ein. In den Kirchen spiele er, wenn die Besucher sie verlassen haben, in den frühen Abendstunden. Wenn die Orgeln von San Marco, San Martino und San Zaccaria zu den klingenden Schönen der Dämmerung geworden sind.

Wir verlassen die Kirche, als es bereits dunkel wird, wo zwischen zwei mittleren Bänken in der sonst leeren Kirche das eindringliche Gebet von ein paar alten Frauen erklingt und die Orgel von San Martino, die Schönste der Schönen, wieder in die Dunkelheit zurückgekehrt ist.

An einer kleinen Brücke im Stadtviertel Castello verabschieden wir uns: Roberto Micconi wird bald auf Konzertreise und für eine Meisterklasse nach Kanada gehen. In Erinnerung an den geheimnisvollen Klangraum wird er auf einer antiken Orgel spielen und seine begeisterten Zuhörer in Gedanken an die Lagunenstadt mitnehmen: Es ist der Klang Venedigs, den er in die Welt hinausträgt. Der Mythos der Stadt hält die Phantasie der Zuhörer gefangen. Ein paar Wochen werden die steinernen Gestalten von San Marco ohne den Klang seiner Orgel auskommen und sich erstaunt zuflüstern, wo er denn bleibt. Den Erlös der Konzerte wird Micconi wieder für die

Restaurierung einer venezianischen Orgel zur Verfügung stellen und sie gemeinsam mit Ivo Gabriel Marchi zum Leben erwecken: zur Rettung einer der Schönen, die heute noch hinter einer bröckelnden Fassade schläft. Trotz der drei bedrohlichen »T« – *topi, tarli e turisti*, Mäuse, Holzwürmer und Tagestouristen – lebe er natürlich in der Hauptsache von Schönheit, hatte sogar Ivo Gabriel Marchi augenzwinkernd beim Abschied bekannt.

– »Wissen Sie eigentlich, daß am letzten Sonntag die Sonne immer dann durch das Fenster fiel, wenn Sie zu spielen begannen?« –

Micconi lächelt, nickt und wundert sich nicht.

Vielleicht gibt es einen geheimen Pakt zwischen Claudio Monteverdi, dem heiligen Markus und der Sonne, der einer der letzten, unergründlichen Geheimnisse Venedigs bleibt.

Bereits erschienen:
**Gebrauchsanweisung für...**

# PIPER

## Henning Klüver
### *Gebrauchsanweisung für Italien*

191 Seiten. Gebunden

Alle lieben Italien – das Land, wo die Zitronen blühen, wo
die Frauen schön sind und der Espresso aromatisch. Glaubt
man. Aber was blüht jenseits des Brenners wirklich? Was
essen die Italiener, wenn die Mamma keine Lust auf Pizza
und Pasta hat? Und warum tragen fast alle unsere Schuhe
das Gütesiegel Made in Italy?
Henning Klüver weiß es. Mit leichter Hand widmet er sich
den ureigensten Domänen der Italiener: der Familie und der
Mafia, der Mode und der Piazza, der Kirche und dem guten
Essen. Er kennt den Unterschied zwischen Osteria und
Ristorante, er weiß, warum die italienische Innenpolitik
einer Daily Soap in nichts nachsteht und wieso schon lange
kein Italiener mehr ohne Handy auskommt.

01/1065/01/L